DET MEXIKANSKE HJEMMEKJØKKEN

100 UTROLIGE OPPSKRIFTER FRA AUTENTISK TRADISJONELL MEKSIKANSK MAT

Frida Sørensen

Alle rettigheter forbeholdt.

Ansvarsfraskrivelse

Informasjonen i denne e-boken er ment å tjene som en omfattende samling av strategier som forfatteren av denne e-boken har forsket på. Oppsummeringer, strategier, tips og triks er kun anbefalinger fra forfatteren, og å lese denne e-boken vil ikke garantere at ens resultater nøyaktig vil speile forfatterens resultater. Forfatteren av e-boken har gjort alle rimelige anstrengelser for å gi oppdatert og nøyaktig informasjon til leserne av e-boken. Forfatteren og dens medarbeidere vil ikke holdes ansvarlige for eventuelle utilsiktede feil eller utelatelser som kan bli funnet. Materialet i e-boken kan inneholde informasjon fra tredjeparter. Tredjepartsmateriale omfatter meninger uttrykt av deres eiere. Som sådan påtar ikke forfatteren av e-boken seg ansvar eller ansvar for tredjepartsmateriale eller meninger. Enten på grunn av utviklingen av internett, eller uforutsette endringer i selskapets retningslinjer og redaksjonelle retningslinjer for innsending, kan det som er oppgitt som faktum på tidspunktet for skriving bli utdatert eller ubrukelig senere.

E-boken er copyright © 2022 med alle rettigheter reservert. Det er ulovlig å redistribuere, kopiere eller lage avledet arbeid fra denne e-boken helt eller delvis. Ingen deler av denne rapporten kan reproduseres eller retransmitteres i noen form for reprodusert eller retransmittert i noen form uten skriftlig uttrykt og signert tillatelse fra forfatteren.

INNHOLDSFORTEGNELSE

INNHOLDSFORTEGNELSE 3

INNLEDNING 8

SNACKS 10

    1. STEKT-HVITLØK SØTPOTETER 11
    2. STEKT BLOMKÅL 13
    3. STEKT GULRØTTER 15
    4. POZOLE SIDERETT 17
    5. GRILLET PRICKLY PEAR CACTUS 19
    6. CHILES ANCHOS RELLENOS 21
    7. ROSMARINSTEKTE POTETER MED SVARTE BØNNER 24
    8. BIFF PLANTAIN OMELETT 27
    9. RISMELSBOLLER 30

HOVEDRETT 32

    10. KYLLING I MANDELSAUS 33
    11. GRATINERT TORSK 36
    12. MEKSIKANSKE BØNNER 39
    13. STEKT FISK MED SAUS 41
    14. OKSEGRYTE 44
    15. MEKSIKANSK SVART BØNNESUPPE 47
    16. MEKSIKANSK CALDO GALLEGO 49
    17. MEKSIKANSKE KIKERTER 52
    18. MEKSIKANSK KYLLING MED RIS 55
    19. MEKSIKANSK SVINEKJØTT OG BØNNER 58

20.	Meksikanske røde bønner og ris	60
21.	Meksikansk ris med kylling	62
22.	Meksikansk ris med dueerter	66
23.	Meksikansk kalkun	69
24.	Meksikansk sjømat asopado	71
25.	Hjemmelaget vegansk chorizo	74
26.	Kremet Chipotle Pasta	77
27.	Jackfruit Vegan Pozole Rojo	79
28.	Meksikansk 'kjøttbollesuppe'	82
29.	Mole Chilaquiles med grønnsaker og bønner	85
30.	Torta Ahogada	88
31.	Meksikanske cowboybønner	91
32.	Meksikansk brun ris	94
33.	Arroz a la Mexicana	96
34.	Safranris	99
35.	Arroz Huérfano	102
36.	Frijoles de Olla (grytebønne)	104
37.	Charro eller berusede bønner	106
38.	Frijoles Refritos (Refried beans)	108
39.	Santa Maria-stil bønner	110

RAJAS 113

40.	Seared Rajas	114
41.	Karamellisert Rajas	116
42.	Paprika rajas	118
43.	Kremet rajas	120
44.	Rajas og sopp	122

TACOS 124

- 45. Rajas con Crema Tacos 125
- 46. Søtpotet og gulrot Tinga Tacos 127
- 47. Potet og Chorizo Taco 129
- 48. Sommer Calabacitas Tacos 131
- 49. Spicy Zucchini og Black Bean Tacos 133
- 50. Biff-taco i bøffelstil 136
- 51. Biff taco wraps 138
- 52. Grillet biff-taco i Carnitas-stil 140
- 53. Små tacobiffterter 143
- 54. En gryte cheesy taco-gryte 146
- 55. Skjørt steak street tacos 148

SUPPER OG SALATER 151

- 56. Sopa Tarasca 152
- 57. Svart bønnesuppe 155
- 58. Tlapan-stil suppe 158
- 59. Puebla suppe 161
- 60. Potetsalat 164
- 61. Tequila-maker's salat 167
- 62. Ensalada de Col 169

TOSTADAS 171

- 63. Grunnleggende Tostadas 172
- 64. Potet Gorditas 174
- 65. Biff toppet tostadas 177
- 66. Chipotle kylling tostada 179
- 67. Kokosmelk iskrem tostada sundae 182

68.	REKER TOSTADAS MED GUACAMOLE	184

DESSERT 187

69.	FLAN DE QUESO	188
70.	MEKSIKANSK KJØTTBRØD	191
71.	VANNMELON PALETA SHOT	193
72.	CARLOTA DE LIMON	195
73.	MANGO OG CHAMOY SLUSHIE	197
74.	MOUSSE DE CHOCOLATE	200
75.	BANANER OG MANDARIN MED VANILJESAUS	202
76.	SORBETE DE JAMAICA	204
77.	GRILLET MANGO	206
78.	RASK FRUKTPUDDING	208
79.	GRILLEDE BANANER I KOKOSNØTTSAUS	210
80.	MANGOSORBET	212
81.	FLAN	214

KRYDDER 215

82.	KORIANDERSAUS	217
83.	MEKSIKANSK ADOBOPULVER	219
84.	MEKSIKANSK GRØNN SOFRITO	221
85.	MEKSIKANSK STIL SVINEKJØTT	224
86.	GRØNNSAKSDIP	226
87.	VALLARTA DIP	228
88.	TACOKRYDDER	230
89.	FRISK URTETOMAT-MAIS SALSA	232
90.	WHITE BEAN GUACAMOLE	234

DRIKKE 236

91.	Kalorifattig kaktussmoothie	237
92.	Atole	239
93.	Champurrado	241
94.	Aguas Frescas	243
95.	Horchata de Melón	245
96.	Sangrita	247
97.	Kokos eggedosis	249
98.	Meksikansk eggedosis	251
99.	Meksikansk mojito	254
100.	Meksikansk rom cappuccino	257

KONKLUSJON 259

INTRODUKSJON

Meksikansk mat består av matlagingsretter og tradisjoner i det moderne landet Mexico. Dens tidligste røtter ligger i mesoamerikansk mat. Dens ingredienser og metoder begynner med de første jordbrukssamfunnene som Mayaene som domestiserte mais, skapte standardprosessen for nixtamalisering av mais og etablerte matveiene deres.

Dagens matvarer er hjemmehørende i landet og inkluderer: mais (mais), bønner, squash, amaranth, chia, avokado, tomater, tomatillos, kakao, vanilje, agave, kalkun, spirulina, søtpotet, kaktus og chilipepper. Dens historie gjennom århundrene har resultert i regionale retter basert på lokale forhold, inkludert Baja Med, Chiapas, Veracruz, Oaxacan og de amerikanske kjøkkenene New Mexican og Tex-Mex.

Meksikansk mat er et viktig aspekt ved Mexicos kultur, sosiale struktur og populære tradisjoner. Det viktigste eksemplet på denne forbindelsen er bruken av føflekk til spesielle anledninger og høytider, spesielt i de sørlige og sentrale regionene av landet.

Det er en vanlig oppfatning at meksikansk mat er både krydret og tung, men faktisk har ekte meksikansk mat både en dybde av smak – med sin kombinasjon av salte og jordnære smaker – og en frisk letthet fra sin sjenerøse bruk av friske urter, grønnsaker og sitrus. I det meste av Mexico ville det være svært uvanlig å legge ost i for eksempel tacos, enchiladas eller tostados, og hvis det ble brukt ville det være en meksikansk panelaost (en jevn, frisk, hvit ost).

SNACKS

1. Stekt-hvitløk søtpoteter

4 porsjoner

Ingredienser
- 1-1/2 pund uskrellede søtpoteter, kuttet i 1/2-tommers biter
- 12 fedd hvitløk, skrelt og delt i to
- 1 ss ekstra virgin olivenolje
- 1-2 ss hakket Serrano eller jalapeño chile 3/4 ts tørket timian 1/2 ts kosher salt
- 1/2 ts pepper

Veibeskrivelse
a) Forvarm ovnen og pannen. Plasser en 12-tommers ildfast stekepanne eller ildfast form som er stor nok til å holde potetene i et enkelt lag i ovnen, skru varmen til 375 ° F, og varm pannen i 30 minutter.
b) Bland ingrediensene. Mens stekepannen varmes, kombinerer du alle ingrediensene i en bolle.
c) Stek potetene. Ta den oppvarmede stekepannen ut av ovnen og fordel umiddelbart de blandede ingrediensene jevnt. Sett gryten i ovnen og stek potetene i 45 minutter, rør hvert 15. minutt slik at de blir jevnt stekt.

2. Stekt blomkål

4 porsjoner

Ingredienser
- 1 veldig stort blomkålhode (omtrent 1 pund 6 gram etter trimming), kuttet i buketter 1–3 tommer i diameter
- 1-1/2 ss ekstra virgin olivenolje
- Nykvernet sort pepper, etter smak
- 8 fedd hvitløk, grovhakket
- 2 ss geitost, eller erstatt parmesan

Veibeskrivelse
a) Forvarm ovnen til 375°F.
b) Forbered og stek blomkålen. Legg bukettene i en ildfast form som har plass til dem i ett lag, stilkene vendt opp.
c) Tilsett olivenolje, pepper og halvparten av hvitløken og bland. Stek i 25 minutter.
d) Hvis blomkålen har brunet i bunnen, snu den slik at den brunede siden er opp. Hvis den ennå ikke er brun på bunnen, fortsett å steke til den er brun, og snu den og tilsett den resterende hvitløken. Senk varmen til 350 °F og fortsett å steke til blomkålen er mør og godt brunet, 20–25 minutter, eller totalt 45–55 minutter.
e) Gjør ferdig retten. Når blomkålen er mør og gyllenbrun, tar du den ut av ovnen og drysser umiddelbart på osten.

3. Stekt gulrøtter

4 porsjoner

Ingredienser
- 1-1/2 pund gulrøtter, skrelles og kuttes i biter
- 6 fedd hvitløk, skrellet og knust
- 1-1/2 ss ekstra virgin olivenolje
- 1/4 haugevis av teskje tørket timian
- Nykvernet sort pepper, etter smak
- 1/4 haugevis av teskje salt

Veibeskrivelse
a) Forvarm ovnen til 400°F.
b) Legg gulrøttene i en 12-tommers jerngryte eller på en bakebolle som er stor nok til å holde dem i et enkelt lag. Rør inn de resterende ingrediensene, dekk pannen godt med folie og stek i 30 minutter. Fjern folien og fortsett å steke i 20 minutter.
c) Rør og stek i ytterligere 5-10 minutter, eller til gulrøttene er godt brune.

4. Pozole siderett

Ca 10 porsjoner

Ingredienser
- 1-1/2 kopper tørket hominy
- 1/2 kopp hakket løk
- 1/2 kopp stekt, skrellet og hakket frisk grønn chili fra New Mexico, Anaheim eller Poblano
- 1 ts tørket blad oregano
- 1/4 kopp hakket tomat
- 3/4 ts salt
- 1/2 ts nykvernet sort pepper

Veibeskrivelse
a) Bløtlegg hominy. Dagen før du planlegger å servere Pozole, legg hominyen i en bolle, dekk den med flere centimeter vann og la den trekke i romtemperatur i 24 timer.
b) Kok Pozole. Tøm hominyen og kast bløtleggingsvannet. Skyll hominy, legg den i en gryte og dekk den med 2 tommer vann. Kok opp, tilsett de resterende ingrediensene og la det småkoke, delvis dekket, til kjernene er al dente og ser ut til å sprekke, ca. 2-2-1/2 time.
c) Avdekk kjelen og fortsett å småkoke til nesten all væsken har fordampet.

5. Grillet Prickly Pear Cactus

4 porsjoner

Ingredienser
- 4 mellomstore, men tynne piggespår Salt
- Matlagingsspray

Veibeskrivelse
a) Start en kull- eller vedfyr eller forvarm en gassgrill til høy.
b) Forbered kaktusen. Fjern eventuelle pigger eller noder fra padleårene med en skrellekniv eller enden av en grønnsaksskreller, bruk en tang og vær forsiktig så du ikke blir skadet av piggene. Klipp av og kast ca 1/4 tomme fra omkretsen av hver åre. Lag parallelle skiver på padleårene på langs med omtrent 1 tomme fra hverandre, fra de avrundede toppene til omtrent 2 tommer fra bunnen av hver åre. Kast padleårene med nok salt til å dekke begge sider og la dem sitte i 15 minutter i et dørslag eller på en tallerken.
c) Grill kaktusen. Skyll av saltet, tørk kaktusen og spray rikelig på begge sider med kokespray. Grill på begge sider til de er møre og server med grillmat.

6. Chiles Anchos Rellenos

4 porsjoner

Ingredienser
For chiliene
- 1 ss olje
- 2 kopper hvitløk i tynne skiver
- 3 fedd hvitløk, skrellet og knust
- 2 ss tamarindpasta oppløst i 2 kopper varmt vann
- 1 kopp melao (rørsirup) eller brunt sukker
- 1/2 ts tørket blad oregano
- 1/2 ts tørket timian
- 1/2 ts salt
- 8 mellomstore til store anchochili, kutt ned den ene siden, frøene fjernet

For fyllet
- 4 kopper stekte hvitløk søtpoteter
- Stekt gulrøtter
- 2 gram geitost, revet
- Klyp salt
- 2 ts ekstra virgin olivenolje

Veibeskrivelse
a) Forbered chilien. Varm oljen over lav til middels varme i en middels stor kjele. Tilsett løken og stek til den har fått litt farge. Tilsett hvitløken og stek et minutt til.
b) Rør inn vannet med tamarindsmak, melao, oregano, timian og salt.
c) Tilsett chili, dekk til og la det småkoke i 10 minutter. Fjern kjelen fra varmen, avdekk og avkjøl i minst 10 minutter.

d) Lag fyllet. Mens chiliene avkjøles, kombinerer du søtpoteter og/eller gulrøtter og queso fresco eller panela. Visp sammen salt og olje og bland det med grønnsakene.
e) Fyll og server chilien. Bruk en stor hullsleiv, fjern chilien til en sil og la den renne av i 5 minutter.
f) Hell forsiktig ca. 1/4 kopp av fyllet i hver chili og legg 2 på hver av fire tallerkener. Hell litt av løken over hver porsjon og topp med osten. Server ved romtemperatur.

7. Rosmarinstekte poteter med svarte bønner

4 porsjoner

Ingredienser
- 1/4 kopp ekstra virgin olivenolje
- 3 fedd hvitløk, uskrellet
- 3 ss friske rosmarinblader
- 2/3 kopp vann
- Lite 1/4 ts salt
- 12 unser russet eller Yukon gullpoteter, kuttet i 3/4-tommers biter
- 2 jalapeño chili, frø og årer fjernet, kuttet i 1/8-tommers tykke runder
- 1 kopp kokte og skyllede svarte bønner
- 2 Roma tomater, hakket i 1/2-tommers biter
- 1 stor avokado, kuttet i 1/2-tommers biter
- 1/4 kopp finhakket koriander
- 3/4 kopp strimlet, delt skummet melk
- Geitost
- 2 ss varm saus, for eksempel Sriracha
- 1/4 kopp rømme eller Tofutti

Veibeskrivelse
a) Lag den smaksatte oljen. Ha oljen, hvitløken og rosmarinen i en mikrobølgeovnsikker beholder og sett i mikrobølgeovn i 30 sekunder på High. Vent 15 sekunder og gjenta.
b) La retten stå tildekket i romtemperatur i 2–3 timer, og sil deretter oljen over i en annen tallerken, og kast hvitløken og rosmarinen. Rør inn vann og salt og reserver.

c) Stek potetene. Forvarm ovnen til 425°F. Plasser potetene i en 9-tommers støpejernsgryte eller lignende ovnssikker form, tilsett olje-vannblandingen og la det småkoke over middels høy varme. Sett pannen i ovnen i 30 minutter.
d) Ta ut av ovnen, tilsett jalapeño-rundene, snu potetene og stek i ytterligere 15 minutter, eller til potetene er gyldenbrune.
e) Bland grønnsakene. Mens potetene stekes, kombinerer du de svarte bønner, tomater, avokado og koriander i en bolle, og reserver. Gjør ferdig retten. Del potetene mellom fire tallerkener, topp med like deler av grønnsaksblandingen, og pynt med ost, varm saus og rømme eller Tofutti.

8. Biff plantain omelett

Utbytte: 4 porsjoner

Ingrediens

- 3 Veldig modne plantains
- Olje til steking
- 1 Løk; hakket
- ½ Grønn pepper; hakket
- 2 Hvitløksfedd
- ½ pund Hakket biff (jeg pleier å utelate)
- ¼ kopp Tomatsaus
- 1 spiseskje Kapers
- 1 spiseskje Grønne oliven i skiver (valgfritt)
- Salt og pepper
- ½ pund Grønne bønner; fersk eller frossen, kuttet i 3-tommers biter
- 6 Egg
- ¼ kopp Smør

Veibeskrivelse

a) Skrell plantainene, kutt i 2-tommers tykke skiver på langs og stek i olje til de er gyldenbrune. Fjern, tøm og hold varmt. Fres løk, grønn pepper og hvitløk i en stekepanne til den er myk, men ikke brun.

b) Tilsett kjøttdeigen og stek på høy varme i 3 minutter.

c) Hell i tomatsausen og tilsett kapers og oliven om ønskelig.

d) Kok i 15 minutter på middels varme, rør av og til. Smak til med salt og pepper etter smak. Vask strengbønnene og damp til de er møre. Pisk eggene, tilsett salt og pepper etter smak. Smør sidene og bunnen av en rund gryte og smelt resten av smøret i bunnen. Hell i halvparten av de sammenpiskede eggene og stek på middels varme i ca 1 minutt eller til de har stivnet litt.

e) Dekk eggene med en tredjedel av plantainskivene, etterpå med lag av halvparten av kjøttdeigen og halvparten av strengbønnene. Legg til et nytt lag med plantains, resten av kjøttdeigen, et annet lag med bønner, og topp med plantains. Hell resten av de sammenpiskede eggene over toppen.

f) Kok over lav varme i 15 minutter uten lokk, pass på at omeletten ikke brenner seg.

g) Sett deretter i en forvarmet 350-graders ovn i 10 til 15 minutter for å brune toppen.

h) Server med ris og bønner. Utmerket til lunsj.

9. Rismelsboller

Utbytte: 24 boller

Ingrediens

- 2 kopper Melk
- 2 unser Smør
- ¾ teskje Salt
- 2 kopper Veldig fint rismåltid
- 2 teskjeer Bakepulver
- 3 Egg
- ½ pund Mild hvit ost
- Smult eller vegetabilsk olje for fritering

Veibeskrivelse

a) Kombiner rismel og bakepulver og bland med innholdet i en kjele. Tilsett egg ETT AV gangen og bland.

b) Kok over moderat varme, mens du rører konstant med tresleiv, til blandingen skiller seg fra sidene og bunnen av gryten.

c) Fjern fra varme. Mos ost med gaffel og tilsett. Bland grundig.

d) Dropp blandingen med skjeer i fett, oppvarmet til 375 grader, til den er brun. Fjern og tøm på absorberende papir.

HOVEDRETT

10. Kylling i mandelsaus

Utbytte: 1 porsjoner

Ingrediens

- 3½ pund Kylling; kuttet i serveringsstykker
- Mel
- ¼ kopp Oliven olje
- 1 medium Løk; finhakket
- 1 Fedd hvitløk; hakket
- ½ kopp Tomat; skrelles/hakkes
- 1 Kvister persille; (opptil 2)
- 2 Inch pinne kanel
- 4 Hele nellik
- 2 kopper Kylling buljong
- ½ kopp Blancherte mandler
- Salt
- ¼ teskje hvit pepper
- 2 teskjeer Lime eller sitronsaft
- 2 Egg

Veibeskrivelse

a) Dryss kyllingbitene med mel, rist for å fjerne overflødig.

b) Varm oljen i en stekepanne og stek kyllingen til den er gylden. Overfør til en tung gryte. Fres løk og hvitløk i stekepannen og tilsett kyllingen sammen med tomat, persille, kanel, nellik og kyllingkraft. Pulveriser mandlene i en elektrisk blender på høy hastighet og tilsett i gryten. Smak til med salt om nødvendig og hvit pepper.

c) Dekk til og la det småkoke til kyllingen er mør, ca 45 minutter.

d) Fjern kyllingbitene på et serveringsfat og hold dem varme. Skum av eventuelt fett fra sausen og reduser sausen til 2 kopper over sterk varme.

e) Tilpass krydder, og sil sausen gjennom en fin sil. Sett over lav varme. Pisk eggene med limesaften. Hell $\frac{1}{2}$ kopp av sausen på eggene, pisk inn med en stålvisp.

f) Hell så eggeblandingen i sausen, pisk hele tiden over svak varme til sausen har tyknet. Ikke la sausen koke da den vil stivne. Hell over kyllingen.

g) Server med vanlig hvit ris.

11.   Gratinert torsk

Utbytte: 1 porsjoner

Ingrediens

- 1 pund Bacalao
- 3 spiseskjeer Smør
- 1 stor Løk; hakket
- 1 spiseskje Mel
- 1 Hvitløksfedd; knust
- 2 teskjeer Tomatpuré
- 1 laurbærblad
- ½ kopp Tørr hvitvin
- 1 kopp Vann
- 1 spiseskje Sitronsaft
- 2 spiseskjeer Skivede oliven
- 1 spiseskje fersk persille; hakket
- 2 spiseskjeer Oppskåret sopp
- Salt og nykvernet pepper etter smak
- 2 spiseskjeer Parmesan ost; raspet
- 1 medium Potet; skrelles, kokes og moses litt

Veibeskrivelse

a) Bløtlegg fisken i vann for å dekke minst 4 timer. fjern eventuelt skinn og bein, og flak med en gaffel. smør en 2-liters gryte med 1 ss smør og dekk bunnen med torsk.

b) Varm opp resten av smøret i en kjele over middels varme, tilsett løk og fres til det er brunt. rør inn mel og hvitløk, bland godt. tilsett tomatpuré, laurbærblad, vin, vann og sitronsaft.

c) Reduser varmen og kok, rør til blandingen tykner. tilsett oliven, persille og sopp, og smak til med salt og pepper. rør og kok 3 min. fjern sausen fra varmen og hell over fisken i gryten. dryss med ost og kle hjørnene av gryten med poteten.

d) Stek i forvarmet ovn 350 grader i 35 minutter eller til toppen er gyllenbrun. server med grønn salat.

12. Meksikanske bønner

Utbytte: 4 porsjoner

Ingrediens

- 1 pund Bønner, tørkede
- 1 Løk, i terninger
- ¼ Grønn pepper, i terninger
- 3 Hvitløksfedd, i terninger
- 8 gram Tomatsaus
- 2 spiseskjeer Oliven olje
- 2 teskjeer Salt
- 1 teskje Salt
- 2 kopper Vann
- 1 kopp Ris, langkornet

Veibeskrivelse

a) FORBERED BØNNER: Bløtlegg bønnene i minst to timer (over natten er også greit). Bytt vannet og kok opp.

b) Tilsett løk, pepper og hvitløk; dekk til og la det småkoke i 1 time.

c) Tilsett tomatsaus, olivenolje og salt: dekk til og la det småkoke i 1 time til.

d) Kok opp vannet. Tilsett ris og salt.

e) Dekk til og la småkoke i 20 minutter.

13. Stekt fisk med saus

Utbytte: 12 porsjoner

Ingrediens

- ½ kopp Oliven olje
- 2½ pund Løk, skrellet og skåret i skiver
- 1½ kopp Vann
- 24 Fylte oliven med pimientos
- 2 spiseskjeer Kapers
- 1 boks 4 oz. pimientos, kuttet i bittesmå skiver i juicen deres
- 2 bokser (8 oz.) tomatsaus
- 2 spiseskjeer Eddik
- 1 spiseskje Salt
- 2 laurbærblad
- 4 pund Fiskeskiver
- 2 spiseskjeer Salt
- 1 kopp Oliven olje
- 4 store Fedd hvitløk, skrellet og knust

Veibeskrivelse

a) Tilbered sausen ved å blande ingrediensene og koke over moderat varme i ca. 1 time.

b) Når sausen er nesten ferdig, krydre fisken med salt inkludert i B og dekk litt med mel og stek på følgende måte: Ha olje og hvitløk i en stekepanne. Brun hvitløk over moderat varme. Fjern hvitløk og legg i pannen så mange fiskeskiver får plass på den. Brun ved moderat varme på begge sider, reduser varmen til lav og stek i 15 minutter eller til fisken lett flaker seg når den testes med gaffel Stek den resterende fisken på samme måte.

c) Legg fisken i en form og dekk med varm saus og la den stå i 5 minutter.

14. Biffgryte

Utbytte: 1 porsjoner

Ingrediens

- 3 spiseskjeer Vegetabilsk olje
- 1½ pund Stewing biff; kuttet i 1 1/2-tommers
- 1 stor Løk; hakket
- 3 store Hvitløksfedd; hakket
- 1 spiseskje Finhakket fersk persille
- 4 Friske timiankvister eller 1 ts tørket; smuldret opp
- 4 laurbærblad
- 2 spiseskjeer Alle formål-mel
- 2 bokser Biff kjøttkraft; (14 1/2 unse)
- 2 kopper Tørr rødvin
- 4 store Poteter
- 3 store Gulrøtter
- ½ pund Grønne bønner; trimmet, halvert
- Finhakket fersk persille

Veibeskrivelse

a) Varm olje i en stor gryte eller nederlandsk ovn over høy varme. Tilsett biff i omganger og brun. Bruk en hullsleiv til å overføre biff til bollen. Tilsett løk og hvitløk i kjelen og fres i 5 minutter. Tilsett persille, timian, laurbærblad og mel. Rør i 2 minutter.

b) Bland gradvis inn buljong og vin. Ha biff tilbake i kjelen og kok opp blandingen. Reduser varmen til middels lav og la det småkoke uten lokk i 45 minutter.

c) Tilsett poteter og gulrøtter i stuing. La småkoke til kjøtt og grønnsaker er møre, rør av og til, ca 30 minutter. Tilsett grønne bønner og la det småkoke til bønnene er møre og sausen er litt tykkere, ca. 10 minutter.

d) Overfør lapskaus til en stor bolle. Pynt med hakket persille og server.

15. Meksikansk sort bønnesuppe

Utbytte: 1 porsjoner

Ingrediens

- 4 kopper Grønnsak; (eller kylling)kraft (opptil 6)
- 2 kopper Skyllede svarte bønner
- ½ kopp Finhakket selleri
- 2 store Gulrøtter; terninger
- 1 medium gul løk; terninger
- ¼ kopp Eddik
- 1 teskje Appelsin eller sitronskall; raspet
- ½ teskje Kanel
- 1 klype Cayenne; å smake
- 2 teskjeer Hvitløk; finhakket

Veibeskrivelse

a) Start med 4 kopper kraft -- og tilsett mer etter behov, avhengig av om du vil ha suppesuppe eller en siderett til å servere med brun ris.

b) Ha alle ingrediensene sammen i en kjele og kok sakte i tre timer. Server med kokt brun ris i bunnen av bollen med følgende garnityr som kan tilsettes etter smak: fettfri rømme eller yoghurt, hakket grønn løk, hakket rødløk, hakkede tomater, hakket persille, salsa. Server med et franskbrød, varme tortillas eller pitabrød.

16. Meksikansk caldo gallego

Utbytte: 6 porsjoner

Ingrediens

- ½ pund Tørkede hvite bønner; bløtlagt over natten,
- Og drenert
- 1 pund Kyllinglår
- ½ pund spansk eller meksikansk chorizo pølse; kuttet i 1/2" biter
- ½ pund Skinke; hakket
- ¼ pund Salt svinekjøtt; terninger
- 1 medium gul løk; skrelles og hakkes
- 3 Hvitløksfedd; skrelles og hakkes
- 2 teskjeer Worcestershire saus
- Tabasco saus; noen streker etter smak
- 2½ liter Vann
- ½ pund Poteter; skrellet, delt i kvarte,
- Og oppskåret
- ½ pund Grønnkål; skåret i tynne skiver
- 2 kopper Kål; tøffe stengler fjernet,
- Og skåret i tynne skiver
- ½ pund neper; skrellet, delt i kvarte,
- Og oppskåret
- Salt; å smake
- nykvernet sort pepper; å smake
- Hakket fersk dill til pynt; (valgfri)

Veibeskrivelse

a) Plasser de drenerte bønner, kylling, chorizosalat, skinke, salt svinekjøtt, løk, hvitløk, Worcestershiresaus, Tabascosaus og vann i en 6- til 8-liters suppegryte.

b) Kok opp, og skru ned til en koking. Kok, dekket, i 45 minutter.

c) Fjern kyllingbitene fra gryten og utbein. Sett kjøttet til side og kast beina. Tilsett de resterende ingrediensene unntatt salt, pepper og kylling i kjelen. La det småkoke under lokk i 25 minutter, og tilsett deretter salt og pepper.

d) Ha kyllingkjøttet tilbake i kjelen og la det småkoke i noen minutter til. Topp med valgfri dill.

17. Meksikanske kikerter

Utbytte: 4 porsjoner

Ingrediens

Kikert s

- 1 pund Kikerter
- 2½ liter Vann
- 2 spiseskjeer Salt

Gresskar

- 2½ liter Vann
- 1¼ pund Gresskar -- eller squash kuttet opp
- 6 gram Chorizo - bitestore biter

Sofrito

- 1 teskje Vegetabilsk olje
- ½ unse Spekeskinke - i terninger
- 1 Løk - hakket
- 1 Grønn pepper
- 3 Søt chilipepper
- 2 Hvitløksfedd
- 6 Friske korianderblader
- ¼ teskje Oregano -- knust
- ¼ kopp Tomatsaus
- 1 spiseskje Salt

Veibeskrivelse

a) Tøm kikertene, skyll og legg i en stor kjele, sammen med gresskar, chorizo og 2½ liter vann. Kok raskt opp , dekk til og kok over moderat varme i 1 ½ time eller til kikertene er nesten møre.

b) Avdekk, mos gresskaret og tilsett sofrito, tomatsaus og salt.

c) Bland og kok over moderat varme uten lokk, ca 1 time eller til sausen tykner etter smak.

18. Meksikansk kylling med ris

Utbytte: 6 porsjoner

Ingrediens

- 4 spiseskjeer Oliven olje
- 1 Hel kylling; kuttet i 8 biter
- 1 stor Løk; hakket
- 1 Grønn pepper; hakket
- 2 spiseskjeer Kapers
- $\frac{1}{4}$ kopp Oliven; liten, fylt med piment
- 1 kopp Tomatsaus
- 1 spiseskje Oregano
- 1 teskje røde pepper flak
- 3 Hvitløksfedd; hakket
- 3 kopper Ris; lang kornet
- $4\frac{1}{2}$ kopp Kyllingkraft
- $\frac{1}{2}$ kopp Persille; hakket
- $\frac{1}{2}$ kopp erter; kokt
- 3 spiseskjeer Pimiento; hakket

Veibeskrivelse

a) I en gryte eller nederlandsk ovn som er stor nok til å holde alle ingrediensene, varm opp oljen og brun kyllingen på alle sider. Dekk til, senk varmen og la det småkoke i ca 15 minutter.

b) Tilsett løk og grønn pepper og stek i 4 minutter. Tilsett kapers, oliven, tomatsaus, oregano, pepperflak og hvitløk og stek i ytterligere 4 eller 5 minutter.

c) Tilsett risen og rør blandingen godt. tilsett kyllingkraft og persille og rør. Dekk til kjelen, reduser varmen og la det småkoke i cirka 20 minutter, eller til væsken er absorbert og risen er mør.

d) Pynt med erter og piment og server.

19. Meksikansk svinekjøtt og bønner

Utbytte: 4 porsjoner

Ingrediens

- 1 spiseskje Rapsolje
- 6 Svinekam spareribs
- 1 medium Gulrot - 1/2" terninger
- 2 medier Løk - i terninger
- 6 Hvitløksfedd
- 3 laurbærblad
- 1 teskje Oregano
- 1 pund Kan hele tomater
- 1 liten Jalapeno pepper - hakket
- 2 teskjeer Salt
- 1 pund Tørkede kidneybønner
- 1 gjeng Koriander

Veibeskrivelse

a) Varm oljen i en solid kjele. Når det er varmt, tilsett svinekjøttet i ett lag og stek det på middels varme i ca 30 minutter, snu det til det er brunt på alle sider. Tilsett 4 kopper kaldt vann og alle de resterende ingrediensene unntatt de hakkede korianderbladene.

b) Kok opp, reduser varmen til lav, dekk til og la det småkoke i $1+\frac{3}{4}$ til 2 timer, til kjøttet er mørt.

c) Fordel mellom fire individuelle tallerkener, strø over de hakkede korianderbladene og server med gul ris.

20. Meksikanske røde bønner og ris

Utbytte: 4 porsjoner

Ingrediens

- ¼ kopp Oliven olje
- 2 kopper Hakket løk
- 1 spiseskje Finhakket hvitløk
- 1 pund Tørkede røde bønner; skyllet, bløtlagt; og drenert (opptil)
- 5 kopper Kylling buljong
- 2 laurbærblad
- 1 Stykke kanelstang
- Varm peppersaus etter smak

Veibeskrivelse

a) Varm oljen i en stor tykk kjele. Tilsett løken og sauter under omrøring til de er dekket med olje. Dekk til og kok over svært lav varme, rør av og til, til den er gyldenbrun, ca. 15 minutter. Rør inn hvitløken og fres uten lokk i 3 minutter.

b) Tilsett bønnene og buljongen til løken. Varm opp til koking og kok under lokk over svak varme i 2 timer. Tilsett laurbærblad og kanel. Dekk til og fortsett å koke til bønnene er veldig møre, ca 1 time til.

c) Smak til med salt og varm rød peppersaus. Bønnene kan tilberedes opptil 24 timer før servering. Varm opp og tilsett ekstra buljong om nødvendig.

21. Meksikansk ris med kylling

Utbytte: 8 porsjoner

Ingrediens

- 2½ pund Kyllingbiter
- 2 Pepperkorn (hel sort pepper)
- 2 Fedd hvitløk skrelt
- 1 teskje Tørket oregano (foretrekker fersk)
- 4½ teskje Salt
- 2 teskjeer Oliven olje
- 1 teskje Eddik
- 1 spiseskje Smult eller vegetabilsk olje
- 1 unse Salt svinekjøtt
- 2 unser Mager spekeskinke (vask og del salt svinekjøtt og skinke i terninger)
- 1 Løk skrelt
- 1 Grønn pepper, frø
- 3 Søt chilipepper, med frø
- 1 Tomat
- 6 Friske korianderblader (hakk alt i små biter)
- ½ teskje Salt
- 10 Oliven fylt med pimientos
- 1 spiseskje Kapers
- ¼ kopp Tomatsaus
- 2 spiseskjeer Fett eller "achiote-farging"
- 3 kopper Ris
- 1 boks (17 oz.) grønne erter
- 1 boks (4 oz.) pimientos

Veibeskrivelse

a) Vask kyllingen og del hver kyllingbit i to. Tørk og gni med krydder inkludert i B. Sett i kjøleskap over natten.

b) Varm opp fett i en tykk vannkoker og brun raskt svinekjøtt og skinke. Reduser til moderat og tilsett kylling. Kok i 5 minutter.

c) Reduser varmen til lav. Tilsett ingrediensene og fres i 10 minutter mens du rører av og til.

d) Tøm i mellomtiden væske fra boks med erter over i et målebeger og nok vann til å lage $2\frac{1}{2}$ kopper hvis vanlig ris brukes eller $3\frac{1}{2}$ hvis lang ris brukes. Reserver erter. Varm væske og vent.

e) Tilsett i kjelen Ingredienser og bland over moderat varme i 2 minutter.

f) Tilsett varm væske i kjelen og bland godt og kok uten lokk over moderat varme til risen er tørr.

g) Vend ris fra bunn til topp med en gaffel.

h) Dekk til kjelen og kok på lav varme i 40 minutter. Vend ris om igjen halvveis i denne kokeperioden.

i) Tilsett erter, snu risen en gang til og dekk til, kok i 15 minutter på lav varme.

j) Ha ris på et serveringsfat.

k) Varm pimientos i saften, renn av og pynt risen.

l) Server med en gang.

22. Meksikansk ris med dueerter

Utbytte: 8 porsjoner

Ingrediens

- ½ pund Tørkede ganduler (dueerter); skylles
- 3 kopper Vann
- 1 unse Salt svinekjøtt; hakket små
- 2 Hvitløksfedd; skrelles og knuses
- 1 spiseskje Oliven olje
- 1 medium Rød paprika; kjernet, frøet,
- Og hakket smått
- 1 medium Grønn paprika; kjernet, frøet,
- Og hakket smått
- 1 medium gul løk; hakket små
- 1 medium Tomat; hakket små
- 1 spiseskje Annatto olje
- 1 kopp Onkel Bens konverterte ris
- nykvernet sort pepper; å smake
- 2 kopper Kaldt vann
- Salt; å smake

Veibeskrivelse

a) Kok opp gandlene og 3 kopper vann i en liten gryte. Dekk til, slå av varmen og la stå i 1 time.

b) Tøm ertene, behold vannet. I en 6-liters gryte fres salt svinekjøtt, skinke og hvitløk i olivenolje i noen minutter. Tilsett både paprika og løken, dekk til og stek på middels varme til løken begynner å bli gjennomsiktig.

c) Tilsett tomat, drenerte gandules og 1½ kopper av det reserverte vannet. La småkoke, dekket, over svak varme i 15 minutter til ertene er nesten møre og det meste av væsken er borte.

d) Rør inn Annatto-oljen, ris, sort pepper og 2 kopper kaldt vann.

e) Kok opp og la det småkoke under lokk i 15 til 20 minutter til væsken er absorbert og risen er mør. Tilsett salt om nødvendig.

23. Meksikansk kalkun

Utbytte: 1 porsjoner

Ingrediens

- Tyrkia
- 12 Hvitløksfedd
- 10 teskjeer Tørr meksikansk oregano
- 12 teskjeer Oliven olje
- 12 teskjeer rødvinseddik
- 1 teskje Salt
- $\frac{1}{2}$ teskje Pepper

Veibeskrivelse

a) Puré 12 fedd hvitløk, 10 ts tørr meksikansk oregano, 12 ts olivenolje, 12 ts rødvinseddik, 1 ts salt og $\frac{1}{2}$ ts pepper i en blender. Denne blandingen vil handle om konsistensen til majones.

b) Deretter "smør" innsiden og utsiden av kalkunbrystet med blandingen, bruk alt. Legg i en stekepanne, dekk godt til og stek ved 350° i $\frac{1}{2}$ time.

c) Avdekke og fortsett å steke til de er møre (tiden vil avhenge av størrelsen på brystet eller fuglen). Tørk ca hvert 15. minutt med pannesaften.

24. Meksikansk sjømat asopado

Utbytte: 1 porsjoner

Ingrediens

- 1 Løk; terninger
- 1 Rød pepper; terninger
- 1 Grønn pepper; terninger
- 2 biter selleri; terninger
- Rekeskall fra risrett
- Hummerskjell fra risrett
- ½ kopp hvitvin
- ½ kopp Tomatsaus
- 2 liter Vann
- 1 Løk; terninger
- 1 Rød pepper; terninger
- 1 Grønn pepper; terninger
- 2 Stekt paprika; terninger
- 2 kopper Ris
- 8 kopper Sjømatkraft
- ½ pund Krabbekjøtt
- 1 klype Safran
- 1 pund Hummer; dampet
- ½ pund Reke
- ½ kopp Sukkererter

Veibeskrivelse

a) Fres løk, pepper og selleri. Tilsett skjell og kok i 5 minutter. Tilsett hvitvin og tomatsaus. Tilsett vann og la det småkoke i 45 minutter. Sil og reserver lager.

b) Fres løk, paprika og tilsett stekt paprika. Tilsett ris og fres til den er gjennomsiktig

c) Tilsett sjømatkraft, krabbekjøtt og safran og kok i ca 15 minutter ved lav varme. Tilsett hummer, reker og søte erter. Varm opp 3 minutter før servering

25. Hjemmelaget vegansk chorizo

Porsjoner: 15 oz.

Ingredienser
- 1 blokk (12 oz.) Tofu, ekstra fast
- ½ lb sopp, finhakket
- 6 Chile guajillo, tørket, med frø
- 2 Chile ancho, tørket, med frø
- 4 Chile de Arbol, tørket
- 4 fedd hvitløk
- 1 ss. Oregano, tørket
- ½ ts. Spisskummen, malt
- 2 nellik, hele
- 1 ss. Paprika, malt
- ½ ts. Koriander, malt
- 2 ss. Vegetabilsk olje, valgfritt

Veibeskrivelse
a) Ta tofuen ut av pakken og legg mellom to små tallerkener. Legg en boks oppå platene og la stå slik i 30 min.
b) Kok opp en liten kjele med vann. Fjern stilkene og frøene fra chilien og kast dem. Slipp chiliene i det kokende vannet. Skru ned varmen til laveste innstilling og la chiliene ligge i vannet i 10 min.
c) Fjern chilien fra vannet og legg i blenderen. Reserver ½ kopp av bløtleggingsvæsken for chili.
d) Tilsett hvitløk, oregano, spisskummen, nellik, paprika, koriander og ¼ kopp bløtleggingsvæske i blenderen og kjør til den er jevn. Om nødvendig, tilsett den resterende ¼ koppen av bløtleggingsvæsken for å få ting til å bevege seg i blenderen.

e) Krydre chiliblandingen med salt og pepper og kjør gjennom en fin sil. Sette til side.
f) Hell vannet fra tofuen og smuldre med hendene i en stor bolle. Hell halvparten av den purerte chiliblandingen i bollen med tofuen og rør sammen. Sette til side.
g) Varm opp en stor sautépanne til høy varme og tilsett 1 ss. av olje. Når oljen er varm, tilsett den finhakkede soppen og fortsett å steke til soppen begynner å bli brun, ca 6-7 min.
h) Senk varmen til middels lav og hell i den resterende halvdelen av chiliblandingen. Rør og fortsett å koke i 3-4 minutter, til soppen begynner å absorbere chiliblandingen. Fjern fra pannen og legg i en stor bolle.
i) Varm opp en stekepanne på middels varme, tilsett 1 ss. av olje. Tilsett tofublandingen og fortsett å koke til væsken begynner å fordampe og tofuen blir sprø, 7-8 minutter. Du kan lage tofuen så sprø du vil. (Vær forsiktig så du ikke overbefolker pannen, ellers blir tofuen aldri sprø.)
j) Hell kokt tofublanding i bollen med soppen og bland godt for å kombinere. Juster krydder.

26. Kremet Chipotle Pasta

Porsjoner: 2 porsjoner

Ingredienser
- 1/2 kopp mandler, hele, rå
- 1/4 kopp mandelmelk, usøtet (eller vegetabilsk olje)
- 1 Chipotle pepper i Adobo, (kun en av paprikaene i boksen)
- 1 fedd hvitløk
- 3/4 kopp vann
- 1/2 kopp tomat, bålstekt
- 1 ss. Sitronsaft, fersk
- 1/2 lb. Spaghetti, full hvete
- 1 ss. Koriander hakket

Veibeskrivelse
a) Ha mandler, mandelmelk, vann, chipotle, hvitløksfedd, stekt tomat og sitronsaft i en blender og kjør til den er jevn. Smak til med salt og pepper.
b) Kok pasta i henhold til instruksjonene på boksen. Tøm og legg i en stor bolle.
c) Hell chipotlesaus over pastaen og bland godt.
d) Server med hakket koriander på toppen.

27. Jackfruit Vegan Pozole Rojo

Porsjoner: 6 porsjoner

Ingredienser
- 1 boks White hominy, drenert, skylt
- 3 liter grønnsakskraft
- 5 Chile guajillo, tørket, stilket og frøet
- 2 Chile ancho, tørket, stilket og frøet
- 5 Chile de Arbol, tørket, stammet og frøsatt
- 6 fedd hvitløk
- ½ løk, hvit
- 1 ss. Vegetabilsk olje
- 2 bokser Ung grønn jackfruktlake, drenert
- 1 Zucchini, middels, kuttet i terninger

Toppings
- 1 hvit løk, liten, finhakket
- 6 røde reddiker, skåret i batonger
- 2 ss. Oregano, tørket
- ½ grønnkål, kjernestengt, i tynne skiver
- 4 lime skåret i kvarte

Veibeskrivelse
a) Kombiner grønnsakskraften og hominy i en stor gryte og la det småkoke.
b) Mens hominyen putrer, fjern stilker og frø fra chilianchoen, Arbol og guajillo. Skyll og legg i en middels gryte med vann.
c) Kok opp gryten på middels høy varme. Reduser varmen og la det småkoke i 10 min.
d) Tøm chili, men behold 1 ½ kopper av chilivannet. Ha chili, hvitløk og løk i blenderen, tilsett chilivannet og kjør til en jevn masse. Press.

e) For å tilberede jackfruit, tøm jackfruit, skyll og klapp med papirhåndklær. Skjær ut kjernen av jackfrukten (tuppen av trekantbitene), og del biter i to. Varm opp 1 ss. av olje i en stor sautépanne satt til middels varme. Tilsett jackfrukten og stek i 3-4 minutter på hver side eller til den begynner å bli brun. Hell chilisausen over jackfrukten og reduser varmen til lav-middels. La småkoke i 10 minutter eller til jackfruit begynner å brytes ned og sausen har tyknet litt. Bruk en gaffel til å rive jackfrukten mens den koker ned. Smak til med salt og pepper.
f) Hominyen din skal fortsatt putre veldig sakte. Skrap ut en kopp av hominy-grønnsaksbuljongblandingen og bland til den er jevn. Hell dette tilbake i kjelen med hominy
g) Hev varmen til middels lav, og tilsett zucchini og revet jackfrukt med saus. La småkoke i 8-10 minutter eller til zucchinien er mør. Smak til med salt og pepper.
h) Server pozolen med alle påleggene ved siden av.

28. Meksikansk 'kjøttbollesuppe'

Porsjoner: 6 porsjoner

Ingredienser
- 1 tomat, medium i terninger
- 1/4 hvit eller gul løk, i terninger
- 2 gulrøtter, middels
- 1-2 Selleristængler
- 2-3 kalori gul paprika
- 3 poteter, små, kuttet i fire
- 1 meksikansk zucchini, liten
- 3 kvister Cilantro
- 6-8 mynteblader, finhakket
- 1 ss. Avokadoolje
- 1 pakke Follow Your Heart vegansk eggpakke
- 1/3 kopp hvit ris, langkornet, rå
- 1 ts. Svart pepper
- 1 ts. Hvitløkssalt
- 2 ss. Bedre enn buljong uten kyllingbunn

Veibeskrivelse
Slik lager du buljongen:
a) Sett en stor suppegryte på middels varme. Tilsett 1 ss. av olje og tilsett løk i kjelen. La løken steke i 2-3 minutter eller til den er myk og gjennomsiktig. Tilsett tomat og kok i 3 minutter til.
b) Hell nok vann i kjelen til å fylle den 1/2 vei. La det småkoke. Tilsett Better than Bouillon No-Chicken base, og salt og pepper etter smak (pepper er valgfritt).

Å lage kjøttbollene
c) Kombiner 1 ts i en stor bolle. svart pepper, 1 ts. hvitløkssalt, 1/3 kopp hvit ris og hakket mynte. Bland godt.

d) Følg instruksjonene på pakken til de veganske eggene og lag ca 2 veganske egg . Tilsett halvparten av eggedosisen i kjøttbolleblandingen og bland godt. Pass på at blandingen er eggeaktig nok til å forme kjøttbollene. Tilsett eventuelt mer av den veganske eggeblandingen til du får ønsket konsistens.

e) Form 8-10 kjøttboller med hendene. Tilsett dem i den kokende buljongen.

f) Det er viktig å ikke røre for mye i kjøttbollene, ellers faller de fra hverandre. Kok i 15 minutter eller så.

g) Mens kjøttbollene koker, kutter du gulrøtter, selleri og zucchini i små terninger. Gjør kvarte kutt for poteten.

h) Tilsett oppkuttede gulrøtter, selleri, zucchini, potet og gul paprika (ikke kutte) i kjelen. Senk varmen til middels lav til grønnsakene er kokte. Dekk til kjelen og la det koke godt sammen i ca 15 minutter.

i) Tilsett koriander for prikken over i-en og la koke i noen minutter, så skal du ha vegansk albondigas! Ikke glem de varme tortillaene! Eller til og med avokadoskiver!

29. Mole Chilaquiles med grønnsaker og bønner

Porsjoner: 4 porsjoner

Ingredienser
- Salat

Grønnsaker og bønner:
- ¼ kopp vann
- 2 fedd hvitløk, finhakket
- 8 oz. Spinat, (ca. 1 pose)
- 1 boks (14 oz.) Svarte bønner, avtappet

Saus:
- 1 krukke (7,2 oz.) Mole Poblano
- 2 kopper grønnsakskraft

Toppings
- Mandelkrem
- Vegansk Queso Cotija
- 1 hvit løk, kuttet i veldig tynne ringer

Veibeskrivelse

a) Forvarm ovnen til 400°F. Plasser tortilla-trekanten på to bakepapirkledde stekeplater og stek i 15 til 20 minutter til de er sprø. Ta ut av ovnen og sett til side. (Du kan også steke dem i en tykkbunnet sautépanne til de er gyldenbrune, eller kjøpe en pose chips.)

b) Grønnsaker og bønner:

c) Varm opp en stor stekepanne til middels varme og hell i ¼ kopp vann. Tilsett hvitløk og stek i 1 minutt. Tilsett spinat og bland.

d) Når spinaten har kokt ned (ca. 2 minutter), tilsett sorte bønner. Smak til med salt og pepper.

Saus:

e) Sett en stor kjele på middels varme, tilsett 1 kopp grønnsakskraft og føflekkpasta. Røre.
f) Når føflekkpastaen er oppløst og blandingen begynner å småkoke, tilsett den andre koppen grønnsakskraft. Det vil virke som om føflekken er for tynn, men så snart føflekken avkjøles litt, tykner den. La det småkoke, rør om og fjern fra varmen.
g) Å bringe det hele sammen
h) Pass på at føflekken din har riktig konsistens, den skal være konsistensen av en tynn fløtesuppe, juster etter behov med grønnsakskraft.
i) Tilsett chips, og grønnsakene og bønnene i gryten med føflekken. Bland godt for å belegge. Server umiddelbart og topp med mandelcrema, vegansk queso Cotija og løk.

30.   Torta Ahogada

Porsjoner: 2 tortas

Ingredienser
Tortas:
- 2 Bolillo-ruller eller 6-tommers lange baguetter, delt i to
- 1 kopp Refried bønner, med svarte bønner
- 1 Moden Hass-avokado, uthulet, skrelt

Saus:
- 30 Chiles de Arbol, stammet, frøet og rehydrert
- 3 fedd hvitløk
- 1 kopp vann
- 1 ts. Tørket meksikansk oregano
- 1/2 ts. Malt spisskummen
- 1/2 ts. Nykvernet sort pepper
- 1/8 ts. Malt nellik
- 1 ts. Salt

Pynt:
- 2 reddiker, i tynne skiver
- 8 til 12 hvite syltede løk, delt i ringer
- Limekiler

Veibeskrivelse
Tortas
a) Rist rundstykkene eller baguettene lett. Varm bønnene og fordel dem jevnt i hver rull. Tilsett avokadoskivene. Legg smørbrødene i boller.

Saus:
b) I en blender eller foodprosessor, puré den rehydrerte chiles de árbol, hvitløk, vann meksikansk oregano, spisskummen, pepper, nellik og salt. (Sil hvis du vil ha en veldig jevn saus.)

c) Hell sausen over smørbrødene. Pynt smørbrødene med oppskåret reddiker og syltet løk og server med limebåter. Spis disse tortaene med en gaffel og mange servietter.

31. Meksikanske cowboybønner

Porsjoner: 6 porsjoner

Ingredienser
- ½ lb. Pinto bønner, tørket
- 1 løk, hvit, stor
- 3 fedd hvitløk, knust
- 2 kvister Cilantro
- ¼ kopp grønnsakskraft eller vann
- 6 oz. (3/4 kopp) Vegansk chorizosalat
- 2 Serrano chili, hakket
- 1 tomat, stor, i terninger

Veibeskrivelse
a) Bløtlegg bønner i vann over natten.
b) Dagen etter siler du dem og legger i en stor gryte. Hell nok vann i kjelen til å fylle ¾ av veien.
c) Skjær løken i to. Legg ½ løk, korianderkvistene og 3 hvitløksfedd i kjelen med bønnene. Reserver den andre halvdelen av løken.
d) Kok opp vannet og la bønnene koke til de er nesten møre, ca. 1 ½ time.
e) Mens bønnene koker, varm opp en stor stekepanne til middels høy varme. Tilsett chorizo og sautér til det er litt brunet, ca 4 minutter. Mens chorizoen koker, kuttes den andre halvdelen av løken.
f) Fjern chorizo fra pannen og sett til side. Tilsett ¼ kopp vann, løk i terninger og Serrano-pepper i sautépannen. Svits løk og chili til de er møre og gjennomsiktige i ca. 4-5 minutter. Tilsett tomat og la koke i 7-8 minutter til eller til tomaten har brutt ned og sluppet all saften.

g) Tilsett denne blandingen og chorizoen i gryten med bønner og la det småkoke i 20 minutter til eller til bønnene er helt møre. Smak til med salt og pepper.
h) Før servering fjerner du den halve løken, korianderkvisten og hvitløksfeddene fra bønnene. Smak til med salt og pepper

32. Meksikansk brun ris

Porsjoner: 3 porsjoner

Ingredienser
- 1 kopp brun ris, langkornet
- ¼ løk, hvit
- 3 fedd hvitløk
- 1 ½ kopper tomat, i terninger
- 1 ss. Tomatpuré
- 1 ½ kopper grønnsaker, kraft eller buljong
- ½ ts. Salt, kosher
- 1 kopp erter, frosne

Veibeskrivelse
a) Bløtlegg den brune risen i kaldt vann over natten.
b) Tøm risen. Sett en middels gryte på middels varme og tilsett risen. Rør ofte og la risen riste til den er gyldenbrun, ca 8-10 min.
c) I mellomtiden blander du tomat, løk, hvitløk og tomatpuré til en jevn blanding. Press. Du bør ende opp med 1 kopp puré. Hvis du ikke gjør det, tilsett nok grønnsakskraft til å lage en kopp.
d) Hell tomatpuréen i gryta med risen og la det småkoke i 2 minutter. Tilsett 1 ½ kopper grønnsakskraft. Tilsett ½ ts salt og rør. Dekk til og skru ned varmen til lav koking. La koke i 35 – 40 minutter.
e) Fjern pannen fra varmen og la den hvile tildekket i 7 minutter.
f) I mellomtiden slipp erter i kokende vann til de er møre, ca 1 minutt, tøm.
g) Legg erter til ris og luft med gaffel.

33.   Arroz a la Mexicana

8 porsjoner

Ingredienser
- 2 fedd hvitløk, hakket
- 1 ts salt
- 2-1/3 kopper lavnatrium kyllingbuljong
- 1/4 kopp ekstra virgin olivenolje
- 1-1/2 kopper langkornet ris
- 1/3 kopp ildstekte knuste tomater, eller erstatning for tomatsaus
- 1/3 kopp skrelt og revet gulrot
- 1 kopp skivet hvit løk, 1/4-tommers tykk
- 1 kopp skivet, frøet Poblano-chile, 1/4-tommers tykk 1/4 kopp frosne erter

Veibeskrivelse
a) Forbered buljongen. Ha hvitløk og salt i en blender, tilsett 1 kopp buljong og puré. Tilsett resten av buljongen og bland igjen for å blande grundig. Reservere.
b) Stek risen. Varm en stor gryte (jeg liker å bruke en nederlandsk støpejernsovn) over middels varme, tilsett olivenolje og rør inn risen. Kok risen, rør ofte, til den blir gyllenbrun. Om nødvendig, skru ned varmen for å unngå at den svir seg. Når det er gjort, i løpet av 5-8 minutter, vil du høre en lyd som sand som kastes i en metallbeholder.
c) Kok sausen inn i risen. Rør den knuste tomaten eller tomatsausen inn i den brunede risen, skru varmen til middels eller bare litt over, og kok opp, mens du rører nesten konstant, til nesten.

d) all væsken er fordampet og riskornene henger ikke sammen, ca 5 minutter. Dette er veldig viktig, ettersom jo mer væske som har fordampet, jo lettere blir risen.
e) Først vil du tro at det aldri kommer til å skje, men det vil det. Mot slutten kan noe av risen begynne å svi seg. Litt av det øker smaken, men senk varmen for å minimere den.
f) Kok risen. Bland buljongblandingen kort og hell den i kjelen med risen. Hev varmen til høy og tilsett gulrøtter, skivet løk, poblano og frosne erter. Gi buljongen et full oppkok, dekk til kjelen, skru ned varmen så lavt du kan for å holde buljongen kokende, og kok i 15 minutter.
g) Ta kjelen av varmen og la risen dampe i 10 minutter. Ta av lokket og rør risen forsiktig med en gaffel for å skille kornene. Dekk til kjelen og la risen dampe i 10 minutter til.

34. Safran ris

8-10 porsjoner

Ingredienser
- 1 klype (ca. 1/4 pakket teskje) safran tråder
- 3 kopper lavnatrium kyllingbuljong
- 4 fedd hvitløk, finhakket
- 1 ts salt
- 1/2 ss ferskpresset limejuice
- 2 ss ekstra virgin olivenolje
- 1-1/2 kopper jasminris, eller bytt ut hvilken som helst god langkornet ris 1/4 kopp finhakket hvit løk
- 1 middels serrano chili, frø og årer fjernet og hakket
- 2 ss finhakket persille

Veibeskrivelse
a) Fyll buljongen med safran. Legg safran i en varmefast bolle. Kok opp 1 kopp buljong og hell den over safranen. La blandingen trekke i minst 15 minutter.
b) Lag resten av kokevæsken. Ha 3 av de hakkede hvitløksfeddene og saltet i en blender, tilsett de resterende 2 koppene buljong og limesaft, og kjør til puré.
c) Kok risen i oljen. Tilsett de resterende hakkede hvitløksfeddene, løken og chilien til risen og rør i 1 minutt.
d) Rør inn den blandede buljongblandingen og den safrantilsatte buljongen og kok opp. Dekk til kjelen, skru varmen så lavt som mulig mens du holder væsken ved middels småkoking, og kok risen i 15 minutter.
e) Gjør ferdig risen. Fjern kjelen fra varmen og la risen dampe, tildekket, i 10 minutter. Ta av lokket og rør risen forsiktig med en gaffel for å skille kornene. Rør inn persillen, sett på lokket og la risen stå i ytterligere 10 minutter før servering.

35. Arroz Huérfano

8-10 porsjoner

Ingredienser
- Safran ris
- 1 ss matoljeerstatning
- 1/2 kopp blancherte skivede mandler
- 1/3 kopp pinjekjerner
- 3 gram lavere natriumskinke, finhakket

Veibeskrivelse
a) Surr nøttene. Mens safranrisen koker, varm opp en panne på middels varme. Tilsett matoljen, og tilsett nøttene når den har smeltet.
b) Surr nøttene under konstant omrøring til mandlene begynner å bli gylne. Ta gryten av varmen, rør inn skinken og sett til side.
c) Gjør ferdig risen. Etter å ha tilsatt persillen til safranrisen, rør inn de kokte nøttene og skinken, dekk til kjelen og la risen dampe de siste 10 minuttene.

36. Frijoles de Olla (grytebønne)

Ca 12 halvkopp porsjoner

Ingredienser
- 4 liter vann
- 3 ss salt
- 1 pund pinto eller svarte bønner
- 3 fedd hvitløk, hakket
- 1/3 kopp hakket hvit løk
- 1 ts tørket blad oregano
- 1 liter vann, pluss litt mer, om nødvendig
- 2 kvister epazote (valgfritt med svarte bønner)
- Salt etter smak

Veibeskrivelse
a) Varm opp og bløtlegg bønnene. Ha 4 liter vann, salt og bønner i en kjele.
b) Kok opp helt, dekk til kjelen, fjern den fra varmen og la bønnene stå i 1 time.
c) Kast bløtleggingsvannet, skyll bønnene grundig, skyll ut kjelen og sett bønnene tilbake i den.
d) Gjør ferdig bønnene. Ha hvitløk, løk, oregano og 1 kopp av vannet i en blender og puré. Tilsett ytterligere 3 kopper vann og bland kort.
e) Hell den blandede væsken i kjelen med bønnene, kok opp og tilsett epazoten hvis du bruker. La bønnene småkoke, dekket bortsett fra ca 1/2 tomme, eller akkurat nok til å la litt damp slippe ut, til de er møre.

37. Charro eller drunken bønner

Omtrent 7 kopper eller 14 halvkopper porsjoner

Ingredienser
- Frijoles de Olla
- 1/2 ss ekstra virgin olivenolje
- 1-1/2 unser (ca. 3 ss) meksikansk chorizosalat, skinnet og finhakket
- 3/4 kopp hakket hvit løk
- 2 fedd hvitløk, finhakket
- 1 ss finhakket Serrano chile
- 1 kopp knuste tomater
- 1/2 ss tørket bladoregano
- 1/4 kopp løst pakket koriander

Veibeskrivelse
a) Surr og tilsett grønnsakene. Når Frijoles de Olla er nesten ferdig, varm olivenolje i en stekepanne på middels varme. Tilsett chorizoen og kok til mesteparten av fettet har gjengitt seg. Tilsett løk, hvitløk og chili og fortsett å steke til de begynner å bli myke.

b) Tilsett tomatene og oreganoen og fortsett å koke til de knuste tomatene begynner å tykne og mister sin tynne smak, ca. 5 minutter.

c) Tilsett koriander og hell deretter innholdet i pannen i bønnene.

d) Gjør ferdig bønnene. Tilsett saltet og la det småkoke i 5 minutter.

38. Frijoles Refritos (fried bønner)

4 halv kopp porsjoner

Ingredienser
- 2 kopper Frijoles de Olla laget med pinto eller svarte bønner, eller lettsaltede eller usaltede bønner, buljong reservert
- 1 kopp bønnebuljong
- 2 ts hakket, chipotle chile
- 1/2 ts malt spisskummen
- 1/2 ts tørket blad oregano
- 2 ss ekstra virgin olivenolje
- 2 fedd hvitløk, finhakket

Veibeskrivelse
a) Bearbeid bønnene. Ha bønnene i en foodprosessor og tilsett buljong, chipotle chili, spisskummen og oregano. Bearbeid til bønnene er glatte, tilsett mer buljong hvis de virker for tykke.
b) Kok bønnene. Varm opp en panne på middels varme og tilsett fettet eller oljen. Tilsett hvitløken og la den koke i bare noen få sekunder, og tilsett deretter de purerte bønnene. Kok under konstant omrøring til bønnene er gjennomvarme og så tykke eller tynne du liker dem.
c) Server toppet med osten hvis du ønsker det.

39. Bønner i Santa Maria-stil

Ca 14 halvkopp porsjoner

Ingredienser
- 1 pund pinquito bønner, bløtlagt
- 1 ss ekstra virgin olivenolje
- 1/2 kopp lavere-natrium skinke, kuttet i en 1/4-tommers terninger
- 3 fedd hvitløk, finhakket
- 3/4 kopp knuste tomater
- 1/4 kopp Chilesaus
- 1 ss agave nektar eller sukker
- 2 ss hakket persille

Veibeskrivelse
a) Kok bønnene. Tøm bønnene, legg dem i en gryte og dekk dem med vann med omtrent 1 tomme. Kok opp, dekk delvis til kjelen og la det småkoke til de er møre, 45–90 minutter. Sjekk dem ofte, da du sannsynligvis må tilsette mer vann fra tid til annen.
b) Tilbered kryddersausen.
c) Ha olivenoljen i en panne på middels varme og tilsett hvitløken og stek i 1 minutt. Rør inn tomater, chilesaus, agavenektar og salt og la sausen småkoke til den så vidt begynner å tykne, 2–3 minutter.
d) Gjør ferdig bønnene. Når bønnene er møre, renn av alt bortsett fra omtrent 1/2 kopp av væsken og rør inn kryddersausen. Kok bønnene i 1 minutt, rør inn persillen og server.

RAJAS

40. Stekt Rajas

Ingredienser
- 2 ss ekstra virgin olivenolje
- 1 middels hvit løk, kuttet i 1/4-tommers skiver
- 2 mellomstore Poblano chili, stammet, frøet og kuttet i 1/4-tommers skiver
- 3/4 ts kosher salt
- Nykvernet sort pepper, etter smak
- Saft fra 1/2 lime, eller etter smak

Veibeskrivelse
a) Varm en 12-tommers stekepanne over middels høy til høy varme. Tilsett olivenolje, løk og chili, og kok, rør nesten konstant, til chilien mykner, begynner å bli gylden og forkuller litt.

b) Tilsett salt, pepper og limesaft, bland godt og server.

41. Karamellisierte Rajas

Ingredienser

- 2 ss ekstra virgin olivenolje
- 2 mellomstore hvite løk, skrellet, kuttet i 1/4-tommers skiver 3/4 ts kosher salt
- 3 fedd hvitløk, i tynne skiver
- 2 mellomstore Poblano chili, stekt, skrellet, frøet og kuttet i 1/4-tommers skiver
- Nykvernet sort pepper, etter smak
- Saft fra 1/2 lime, eller etter smak

Veibeskrivelse

a) Varm en 12-tommers stekepanne over middels varme. Tilsett olivenolje, løk og salt, som vil hjelpe løkene til å frigjøre væsken.

b) Kok, rør ofte, til løkene begynner å ta farge, og reduser deretter varmen til middels lav. Fortsett å steke løkene sakte, rør ofte og juster temperaturen for å unngå at de svir, til de er dype gyldenbrune.

c) Tilsett hvitløk og stekt Poblano chili og stek til hvitløk og chili er myk. Rør inn pepper og limesaft og server.

42.   Rajas med paprika

Utbytte: 6 porsjoner

Ingrediens
- $\frac{1}{2}$ hver grønn paprika
- $\frac{1}{2}$ hver rød paprika
- $\frac{1}{2}$ hver gul paprika
- $\frac{3}{4}$ kopp Monterey Jack ost; Makulert
- 2 ss hakkede modne oliven
- $\frac{1}{4}$ teskje rød pepper; Knust

Veibeskrivelse
a) Skjær paprikastrimler på tvers i to.
b) Ordne i usmurt broilerfast paiform, 9 X $1\frac{1}{4}$-tommers eller rund panne 9 X 2-tommer. Dryss over ost, oliven og rød pepper.
c) Sett ovnskontrollen på steking. Stek paprika med topper 3 til 4 tommer fra varme til osten er smeltet, ca. 3 minutter.

43. Kremet rajas

Utbytte: 1 porsjoner

Ingrediens
- ½ kopp olivenolje
- 2 medium løk, halvert og kuttet i 1/4-tommers skiver, på langs
- 4 medium rød paprika, stekt, skrellet, frøsådd og skåret i julien
- 1 kopp Tung krem
- ¾ kopp revet Manchego eller Monterey Jack ost
- ⅔ kopp revet Cotija, Romano eller Parmesanost

Veibeskrivelse
a) Varm oljen over middels varme i en stor panne. Surr løkene med salt og pepper til de begynner å visne og brune, 8 til 10 minutter. Rør inn den julienerte røde paprikaen og chilien.
b) Hell i den tunge fløten, kok opp og la det småkoke. Kok i 4 minutter eller til kremen begynner å tykne. Rør inn de revne ostene og ta av varmen. Server umiddelbart.

44. Rajas og sopp

Utbytte: 1 porsjoner

Ingrediens
- 8 Jalapeno chili
- 8 kopper sopp
- 1 løk
- 4 fedd hvitløk
- 1 kvist epazote
- Olje
- Salt

Veibeskrivelse
a) Vask sopp godt. Skjær dem i skiver og stek dem på lav varme i ca 10 minutter for å trekke ut saften. Tilsett salt. Skjær løkene i skiver. Finhakk hvitløksfeddene og epazoten.
b) Hul ut chilien og skjær i skiver (dann rajaer eller strimler).
c) Tøm soppen og stek den i litt olje sammen med løk, hvitløk, epazote og chili. Server med varme tortillas.

TACOS

45. Rajas med Crema Tacos

Ingredienser
Fylling:
- 5 Poblano paprika, stekt, skrellet, frø, kuttet i strimler
- 1/4 vann
- 1 løk, hvit, stor, i tynne skiver
- 2 fedd hvitløk, finhakket
- ½ kopp grønnsakskraft eller buljong

Crema
- ½ kopp mandler, rå
- 1 fedd hvitløk
- ¾ kopp vann
- ¼ kopp mandelmelk, usøtet eller vegetabilsk olje
- 1 ss. Sitronsaft fersk

Veibeskrivelse
a) Varm en stor sautépanne til middels varme, tilsett vann. Tilsett løken og svett i 2-3 minutter eller til den er mør og gjennomsiktig.
b) Tilsett hvitløk og ½ kopp grønnsakskraft, dekk til og la dampe.
c) Tilsett Poblano-pepper og la koke i 1 minutt til. Smak til med salt og pepper. Fjern fra varmen og la avkjøles litt.
d) Ha mandler, hvitløk, vann, mandelmelk og sitronsaft i blenderen og kjør til den er jevn. Smak til med salt og pepper.
e) Hell mandelcremaen over det avkjølte fyllet og bland godt.

46. Søtpotet og gulrot Tinga Tacos

Total tid - 30 minutter

Ingredienser
- 1/4 kopp vann
- 1 kopp hvitløk i tynne skiver
- 3 fedd hvitløk, finhakket
- 2 1/2 kopper revet søtpotet
- 1 kopp revet gulrot
- 1 boks (14 oz.) tomater i terninger
- 1 ts. Meksikansk oregano (valgfritt)
- 2 Chipotle paprika i adobo
- 1/2 kopp grønnsakskraft
- 1 avokado, i skiver
- 8 tortillas

Veibeskrivelse
a) I en stor sautépanne over middels varme, tilsett vann og løk, stek i 3-4 minutter til løken er gjennomsiktig og myk. Tilsett hvitløken og fortsett å steke under omrøring i 1 minutt.
b) Tilsett søtpotet og gulrot i pannen og kok i 5 minutter mens du rører ofte.
c) Saus:
d) Plasser terninger av tomater, grønnsakskraft, oregano og chipotle-pepper i blenderen og kjør til den er jevn.
e) Tilsett chipotle-tomatsaus i pannen og kok i 10-12 minutter, rør av og til, til søtpotet og gulrot er gjennomkokt. Tilsett eventuelt mer grønnsakskraft i pannen.
f) Server på varme tortillas og topp med avokadoskiver.

47. Potet og Chorizo Taco

Porsjoner: 4 porsjoner

Ingredienser
- 1 ss. Vegetabilsk olje, valgfritt
- 1 kopp løk, hvit, finhakket
- 3 kopper poteter, skrelt, i terninger
- 1 kopp vegansk chorizo, kokt
- 12 tortillas
- 1 kopp Din favorittsalsa

Veibeskrivelse
a) Varm opp 1 ss. olje i en stor sautépanne på middels lav varme. Tilsett løk og stek til den er myk og gjennomsiktig, ca 10 minutter .
b) Mens løken koker, legg de kuttede potetene i en liten kjele med saltet vann. Kok opp vannet ved høy varme. Senk varmen til middels og la potetene koke i 5 minutter.
c) Tøm potetene og legg dem i pannen med løken. Skru opp varmen til middels høy. Stek poteter og løk i 5 minutter eller til potetene begynner å bli brune. Tilsett mer olje om nødvendig.
d) Tilsett kokt chorizo i pannen og bland godt. Kok i ett minutt til.
e) Smak til med salt og pepper.
f) Server med varme tortillaer og salsa etter eget valg.

48. Sommer Calabacitas Tacos

Porsjoner: 4 porsjoner

Ingredienser
- 1/2 kopp grønnsaksbuljong
- 1 kopp løk, hvit, finhakket
- 3 fedd hvitløk, finhakket
- ¼ kopp grønnsakskraft eller vann
- 2 Zucchini, store, kuttet i terninger
- 2 kopper tomat, i terninger
- 10 tortillas
- 1 avokado, i skiver
- 1 kopp favorittsalsa

Veibeskrivelse
a) Sett til middels varme i en stor gryte med tung bunn; svett løken i 1/4 kopp grønnsaksbuljong i 2 til 3 minutter til løken er gjennomsiktig.
b) Tilsett hvitløk og hell i resterende ¼ kopp grønnsaksbuljong, dekk til og la dampe.
c) Avdekke, tilsett zucchini og kok i 3-4 minutter, til den begynner å bli myk.
d) Tilsett tomat og kok i 5 minutter til, eller til alle grønnsakene er møre.
e) Smak til, og server på varme tortillas med avokadoskiver og salsa.

49. Spicy Zucchini og Black Bean Tacos

Porsjoner: 4 porsjoner

Ingredienser
- 1 ss. Vegetabilsk olje, valgfritt
- ½ hvitløk, i tynne skiver
- 3 fedd hvitløk, finhakket
- 2 meksikanske zucchini, store, i terninger
- 1 boks (14,5 oz.) svarte bønner, avtappet

Chile de Arbol saus:
- 2 - 4 Chile de Arbol, tørket
- 1 kopp mandler, rå
- ½ løk, hvit, stor
- 3 fedd hvitløk, uskrellet
- 1 ½ kopper grønnsakskraft, varm

Veibeskrivelse

a) Varm vegetabilsk olje til middels varme i en stor sautépanne. Tilsett løk og svett i 2-3 minutter eller til løken er mør og gjennomsiktig.

b) Tilsett hvitløksfeddene og stek i 1 minutt.

c) Tilsett zucchinien og kok til den er mør, ca 3-4 minutter. Tilsett de sorte bønnene og bland godt. La koke i 1 minutt til. Smak til med salt og pepper.

d) For å lage sausen: varm opp en stekepanne, kokekar eller støpejernspanne til middels høy varme. Rist chili på hver side til den er lett ristet, ca 30 sekunder på hver side. Fjern fra pannen og sett til side.

e) Tilsett mandlene i pannen og rist til de er gylne, ca 2 minutter. Fjern fra pannen og sett til side.

f) Rist løken og hvitløken til den er litt forkullet, ca 4 minutter på hver side.

g) Ha mandler, løk, hvitløk og chili i blenderen. Tilsett den varme grønnsakskraften. Bearbeid til glatt. Smak til med salt og pepper. Sausen skal være tykk og kremet.

50. Biff-taco i bøffelstil

Gir 4 porsjoner

Ingrediens

- 1 pund kjøttdeig (95 % magert)
- 1/4 kopp cayennepeppersaus for Buffalo wings
- 8 tacoskjell
- 1 kopp salat i tynne skiver
- 1/4 kopp redusert fett eller vanlig tilberedt
- blåmuggostdressing
- 1/2 kopp revet gulrot
- 1/3 kopp hakket selleri
- 2 ss hakket fersk koriander
- Gulrot- og selleristaver eller korianderkvister (valgfritt)

Veibeskrivelse

a) Varm en stor nonstick-gryte over middels varme til den er varm. Tilsett kjøttdeig; kok i 8 til 10 minutter, del i små smuldrer og rør av og til. Fjern fra pannen med hullsleiv; hell av drypp. Gå tilbake til pannen; rør inn peppersaus. Kok og rør i 1 minutt eller til den er gjennomvarmet.
b) I mellomtiden, varm tacoskjell i henhold til pakkens
c) veibeskrivelse .
d) Hell biffblandingen jevnt i tacoskjell. Tilsett salat; drypp med dressing. Topp jevnt med gulrot, selleri og koriander. Pynt med gulrot og stangselleri eller korianderkvister, om ønskelig.

51. Biff taco wraps

Gir 4 porsjoner

Ingrediens

- 3/4 pund tynne skiver deli roastbiff
- 1/2 kopp fettfri svart bønnedip
- 4 store (ca 10-tommers diameter) meltortillas
- 1 kopp salat i tynne skiver
- 3/4 kopp hakket tomat
- 1 kopp revet fettfattig tacokrydret ost
- Salsa

Veibeskrivelse

a) Fordel svart bønnedip jevnt over den ene siden av hver tortilla.
b) Legg deli roastbiff over bønnedip, og la 1/2-tommers kant rundt kantene. Dryss like mengder salat, tomat og ost over hver tortilla.
c) Brett høyre og venstre side til midten, overlappende kanter. Brett den nederste kanten av tortillaen opp over fyllet og rull sammen.
d) Skjær hver rull i to. Server gjerne med salsa.

52. Grillet biff-taco i Carnitas-stil

Gir 6 porsjoner

Ingrediens

- 4 biff flatjernssteker (omtrent 8 gram hver)
- 18 små maistortillas (6 til 7-tommers diameter)

Pålegg:
- Finhakket hvitløk, hakket frisk koriander, limebåter

Marinade:
- 1 kopp tilberedt tomatillosalsa
- 1/3 kopp hakket fersk koriander
- 2 ss fersk limejuice
- 2 ts finhakket hvitløk
- 1/2 ts salt
- 1/4 ts pepper
- 1-1/2 kopper tilberedt tomatillosalsa
- 1 stor avokado, i terninger
- 2/3 kopp hakket fersk koriander
- 1/2 kopp finhakket hvitløk
- 1 ss fersk limejuice
- 1 ts finhakket hvitløk
- 1/2 ts salt

Veibeskrivelse

a) Kombiner marinadeingrediensene i en liten bolle. Legg biff og marinade i matsikker plastpose; snu biffer til pels. Lukk
b) posen godt og mariner i kjøleskapet i 15 minutter til 2 timer.
c) Fjern biffer fra marinaden; kast marinaden. Legg biffene på rist over middels, askedekket kull. Grill, tildekket, 10 til 14 minutter (over middels varme på forvarmet gassgrill, 12 til 16 minutter) for middels sjelden (145 °F) til middels (160 °F)
d) ferdighet, snu av og til.

e) I mellomtiden kombineres avokadosalsa- ingrediensene i middels bolle. Sette til side.
f) Legg tortillas på rist. Grill til den er varm og litt forkullet.
g) Fjerne; holde varm.
h) Skjær biffer i skiver. Server i tortillas med avokadosalsa. Topp med løk, koriander og limebåter, etter ønske.

53. Små tacobiffterter

Gir 30 bittesmå terter

Ingrediens

- 12 gram kjøttdeig (95 % magert)
- 1/2 kopp hakket løk
- 1 fedd hvitløk, finhakket
- 1/2 kopp tilberedt mild eller middels tacosaus
- 1/2 ts malt spisskummen
- 1/4 ts salt
- 1/8 ts pepper
- 2 pakker (2,1 unser hver) frosne mini filoskall (totalt 30 skjell)
- 1/2 kopp strimlet meksikansk osteblanding med redusert fett
- **Pålegg:** Strimlet salat, skivede drue- eller cherrytomater, guacamole, rømme med lavt fettinnhold, modne oliven i skiver

Veibeskrivelse

a) Forvarm ovnen til 350°F. Varm en stor nonstick-gryte over middels varme til den er varm. Tilsett kjøttdeig, løk og hvitløk i en stor stekepanne over middels varme i 8 til 10 minutter, del opp biff i små smuldrer og rør av og til. Hell eventuelt av drypp.

b) Tilsett tacosaus, spisskummen, salt og pepper; kok og rør i 1

c) til 2 minutter eller til blandingen er gjennomvarmet.

d) Legg filoskall på bakepapir med rander. Hell biffblandingen jevnt i skjell. Topp jevnt med ost. Stek i 9 til 10 minutter eller til skjellene er sprø og osten er smeltet.

e) Topp tertene med salat, tomater, guacamole, rømme og oliven, etter ønske.

54. En gryte med ostetaco-gryte

Gir 30 bittesmå terter

Ingrediens

- 1 pund magert kjøttdeig
- 1 stor gul løk, i terninger
- 2 mellomstore zucchini, i terninger
- 1 gul paprika, i terninger
- 1 pakke tacokrydder
- 1 boks tomater i terninger med grønn chili
- 1 1/2 kopp revet cheddar eller Monterey jack ost
- Grønn løk til pynt
- Salat, ris, mel eller maistortillas til servering

Veibeskrivelse

a) Varm en stor nonstick-gryte over middels varme til den er
b) varm. Tilsett kjøttdeig, løk,
c) zucchini og gul pepper; kok i 8 til 10 minutter, del i små smuldrer og rør av og til. Hell av drypp om nødvendig.
d) Tilsett tacokrydder, 3/4 kopp vann og tomater i terninger.
e) Skru ned varmen og la det småkoke i 7 til 10 minutter.
f) Topp med revet ost og grønn løk. Ikke rør.
g) Når osten er smeltet, server over en seng med salat, ris eller i mel eller maistortillas!

55. Skjørt steak street tacos

Gir 6 tacos

Ingrediens

- 1 skjørtbiff, kuttet i 4 til 6-tommers porsjoner (1-1/2 til 2 pund), skåret over kornet i tynne strimler

- 12 seks-tommers maistortillas

- 1/2 ts salt

- 1/4 ts kajennepepper

- 1/2 ts hvitløkspulver

- 1/2 ts finhakket hvitløk

- 1 ts olje

- 1 kopp hakket løk

- 1/2 kopp korianderblader, grovhakket

- 2 kopper rødkål i tynne skiver

Cilantro Lime Vinaigrette:
- 3/4 kopp korianderblader

- Saft fra 2 lime

- 1/3 kopp olivenolje

- 4 ts finhakket hvitløk

- 1/4 kopp hvit eddik

- 4 ts sukker
- 1/4 kopp melk
- 1/2 kopp rømme

Veibeskrivelse

a) Varm olje over middels varme. Krydre biff i skiver med salt, kajennepepper og hvitløkspulver. Legg biff i pannen og fres til den er gjennomstekt (8 til 10 minutter). Tilsett hvitløk og fres i 1 til 2 minutter lenger til hvitløken dufter. Fjern fra varmen og skjær biff i terninger.

b) Visp sammen alle ingrediensene til vinaigrette. Tilsett blandingen i en blender og kjør til den er jevn, ca 1 til 2 minutter.

c) Fyll oppvarmede maistortillas (bruk to per taco) med biff, løk, hakket koriander og kål. Drypp med vinaigrette og server.

SUPPER OG SALATER

56. Sopa Tarasca

4 porsjoner

Ingredienser

Til tortillastrimlene

- 2 tortillas, skåret i strimler ca 2 tommer lange og 1/8 tommer brede
- olje til steking av tortillastrimlene

Til suppen

- 1 ss olje
- 2/3 kopp hakket hvit løk
- 2 fedd hvitløk, grovhakket
- 2-1/4 kopper, usaltede hakkede tomater med juice
- 1 ss rent ancho chile pulver
- Omtrent 5 kopper lavnatrium kyllingbuljong
- 2 laurbærblader
- 1/2 ts hel tørket timian
- 1/4 ts merian
- 1/4 ts tørket blad oregano
- 1 ts salt, eller etter smak

- 1 kopp revet queso fresco, eller erstatte fersk mozzarella

- 2 ancho chili, stilker og frø fjernet, delt i to og småkokt i vann i 15 minutter

- 1/4 kopp rømme

- 1 grønn løk, finhakket (kun grønn del)

Veibeskrivelse

a) Stek tortillastrimlene. Varm opp omtrent 2 tommer olje i en middels stor gryte til omtrent 350 ° F. Stek tortillastrimlene til de er sprø. Hell av på tørkepapir og reserver.

b) Lag suppen. Varm opp en stekepanne på middels varme, tilsett oljen og fres løken og hvitløken til løken er myk, men ikke brun, 4–5 minutter. Legg dem i en blender; tilsett tomatene med saften og chilipulveret, og puré.

c) Tilsett en eller 2 kopper buljong (hva enn blenderen din har plass til), puls for å blande, og hell deretter blandingen i en kjele.

d) Tilsett den resterende buljongen, laurbærbladene, timian, merian, oregano og salt i kjelen. Kok opp og la det småkoke i 15 minutter.

e) Server suppen. Legg 1/4 kopp ost og 1/2 myk ancho chili i hver av fire boller. Hell suppen over osten og topp den med rømme, tortillastrimler og grønn løk.

57.   Svart bønnesuppe

Ingredienser

- 1/2 ss ekstra virgin olivenolje
- 1/2 kopp hakket hvit løk
- 3 fedd hvitløk, grovhakket
- 1 veldig liten ancho chili, frøet og revet i små biter, eller 1/2 større chili
- 1 ts hakket chipotle chile
- 1 (15 unse) boks usaltede svarte bønner, inkludert flytende 1/2 ts salt
- 3 kopper lavnatrium kyllingbuljong
- 1/4 ts malt spisskummen
- 1/2 ss hakket koriander
- 1 kvist epazote (valgfritt)
- 1/2 ts røkt søt spansk paprika 1/2 ts salt, hvis du bruker usaltede bønner 1/4 ts finkvernet sort pepper 1 ts ferskpresset limejuice
- 1 ss tørr sherry

Veibeskrivelse

a) Lag suppen. Varm olivenoljen i en middels gryte på middels varme til den skinner. Tilsett løken og stek til den er så vidt myk, men ikke brun.

b) Tilsett hvitløken og stek et minutt til, tilsett deretter begge chiliene og fortsett å steke, rør ofte, 1-1/2-2 minutter.

c) Tilsett de resterende ingrediensene unntatt limejuice og sherry, kok opp, dekk delvis til og la det småkoke i 10 minutter.

d) La blandingen avkjøles. Fjern og kast epazoten hvis du har brukt den. Hell ingrediensene i en blender og kjør i 2 minutter, eller til puré, i 2 omganger om nødvendig.
e) Ha suppen tilbake i kjelen, kok opp, rør inn limesaft og sherry og server.

58. Tlapan-stil suppe

6 porsjoner

Ingredienser
- 2 tomater, stekte
- 6 kopper lavnatrium kyllingbuljong
- 1/2 pund beinfri, skinnfri kyllingbryst 1 ss ekstra virgin olivenolje 1 kopp finhakket hvitløk
- 2 fedd hvitløk, finhakket
- 3/4 kopp skrelte og finhakkede gulrøtter
- 1-1/2 kopper garbanzobønner, drenert og skylt
- 1 kopp finhakket zucchini
- 1/2 kopp frosne grønne erter, tint
- 1 tørket chipotle chili, eller en chipotle pluss 1 ts adobo saus
- 1 ts ferskpresset limejuice 1/4 ts finkvernet sort pepper 1/4 ts salt, eller etter smak
- 1 middels moden avokado, kuttet i 1/2-tommers biter 1/4 kopp revet cotijaost (valgfritt) Limeskiver

Veibeskrivelse

a) Forbered tomatene. Puré tomatene i en blender eller foodprosessor og sil gjennom det fine bladet på en matmølle eller skyv dem gjennom en sil. Reservere.
b) Kok og riv kyllingen. Ha buljongen og kyllingbrystene i en stor gryte, la det småkoke og stek til kyllingen er gjennomstekt, ca. 10 minutter. Fjern kyllingen og ta vare på buljongen.
c) Når kyllingen er avkjølt nok til å håndtere, riv den i stykker og fordel den i fire suppeboller.

d) Lag suppen. Varm en stor gryte over middels varme. Tilsett olivenolje og løk og fres til løken begynner å bli brun, ca 5 minutter. Tilsett hvitløken og stek i 1 minutt til. Tilsett den reserverte buljongen og de resterende ingrediensene unntatt avokado og ost, og la det småkoke i 8-10 minutter.
e) Avslutt og server suppen. Fjern chilien og hell suppen over den kokte kyllingen. Tilsett like deler av avokadoen i hver bolle og topp med litt av osten hvis ønskelig. Server med limebåter ved siden av.

59.　　Puebla suppe

4 halv kopp porsjoner

Ingredienser
- 2-1/2 ss matolje
- 4 gram skrelt og hakket potet
- 3-1/4 kopper lavnatrium kyllingbuljong
- 1 kopp hakket hvit løk
- 2 kopper skrelt og hakket zucchini
- 3/4 kopp stekt, skrellet, frøet og hakket Poblano-chile
- 1/4 haugevis av teskje tørket timian
- 1/4 haugevis av teskje salt
- 3/4 kopp 2% melk
- 2 gram del skummet melk

Veibeskrivelse
a) Kok potetene og lag buljongen. Varm en gryte over middels varme. Smelt 1/2 ss av matoljen og tilsett potetene.
b) Stek potetene til de begynner å bli myke, men ikke la dem bli brune, 4-5 minutter. Tilsett 1-1/4 kopper buljong i kjelen, dekk til og la det småkoke i 5 minutter.
c) Hell buljongen og potetene i en blender, kjør ca 2 minutter. Tilsett den resterende buljongen og puls for å kombinere.

d) Kok grønnsakene. Over middels varme smelter du resten av matoljen i samme gryte som du kokte potetene i. Rør inn løk og zucchini og stek til løken er myk, men ikke brunet, ca 5 minutter.

e) Lag suppen. Tilsett resten av chilien, timian, salt og blandede poteter og buljong til grønnsakene og la det småkoke i 5 minutter. Rør inn melken og la det småkoke i ytterligere 5 minutter.

60. Potetsalat

4 porsjoner

Ingredienser
Til dressingen
- 1/8 ts salt
- 1/4 ts pepper
- 2 ss ekstra virgin olivenolje
- 1 ss finhakket gressløk
- 1 ss finhakket persille
- 1 ss finhakket koriander

Til salaten
- 1-1/4 kopper skrelte gulrøtter i terninger, 1/2-tommers biter
- 2-1/2 kopper skrellede og kuttede poteter, 1/2-tommers biter
- 2 gram chorizosalat, skinn fjernet, finhakket
- 1 Serrano chili, frø og årer fjernet, hakket
- 1 middels til stor avokado, kuttet i 1/2-tommers biter (valgfritt)

Veibeskrivelse
a) Lag dressingen. I en bolle, visp sammen salt og pepper. Tilsett olivenolje i en sakte strøm, mens du rører konstant for å lage en emulsjon, tilsett deretter gressløk, persille og koriander og bland godt.
b) Kok poteter og gulrøtter. Kok opp 6 kopper vann. Tilsett salt og gulrøtter og la det småkoke til gulrøttene er veldig møre, men ikke grøtaktige. Fjern de kokte gulrøttene med en sil og skyll under kaldt rennende vann for å stoppe kokingen.

c) Kok potetene i det samme vannet til de er veldig møre, men ikke grøtaktige og la dem renne av i et dørslag. Skyll under kaldt rennende vann for å stoppe kokingen.

d) Kok chorizoen. Varm opp en stekepanne på middels varme og tilsett chorizoen. Så snart det begynner å syde, tilsett Serrano og fortsett å koke, rør og bryte opp chorizoen med en plast- eller tresleiv, til den er gyllen og begynner å bli sprø.

e) Gjør ferdig salaten. Når chorizoen er ferdig, fjern gryten fra varmen. La den avkjøles i 1 minutt og rør deretter inn de reserverte gulrøttene og potetene.

f) Skrap alt i en middels stor bolle, tilsett dressingen og avokadoen, hvis du bruker, og bland forsiktig, men grundig.

61. Tequila-maker's salat

4 porsjoner

Ingredienser

Til dressingen
- 2 ss sangrita
- 1 ss pluss 2 ts ferskpresset limejuice
- 1/4 kopp ekstra virgin olivenolje
- Salt etter smak
- 3/4 ts nykvernet sort pepper, eller etter smak

Til salaten
- 1 kopp nopalitos, saltet eller kokt til de er møre
- 2 kopper garbanzo bønner, skyllet og drenert
- 2 kopper fersk spinat, pakket
- 1 stor tomat, kuttet i passe store biter
- 1 stor avokado eller 2 små, hakket
- 2 grønne løk, finhakket
- 1/4 kopp hakket koriander
- 4 unser queso fresco

Veibeskrivelse
a) Lag dressingen. I en liten til mellomstor bolle, visp sammen sangrita og limejuice.
b) Fortsett å visp kraftig mens du tilsetter olivenolje i en sakte stråle, til dressingen emulgerer. Rør inn salt og pepper.
c) Lag salaten. Kombiner alle salatens ingredienser i en stor bolle. Tilsett dressingen og bland godt.

62. Ensalada de Col

Ingredienser

Til dressingen
- 2 ss pluss
- 2 ts salt
- 1/2 ts finkvernet sort pepper 1/3 kopp olje

For slaw
- 12 gram veldig finskåret eller strimlet grønnkål
- 6 gram veldig finskåret eller strimlet lilla kål
- 4 gram skrelte revne gulrøtter

Veibeskrivelse

a) Lag dressingen. Visp sammen salt og pepper, og visp deretter inn oljen i en sakte strøm.

b) Lag slaw. Kombiner slaw-ingrediensene i en stor bolle og bland med dressingen. La salaten stå i romtemperatur i 3 til 4 timer, rør rundt hver halvtime. På slutten av den tiden vil kålen ha myknet og smakene smeltet sammen.

c) Hell slaw i en stor sil for å renne av overflødig væske (og salt) og avkjøl til den skal serveres, og hell av overflødig væske fra tid til annen.

d) Salaten holder seg nedkjølt i omtrent en uke.

TOSTADAS

63. Grunnleggende Tostadas

4 porsjoner, 2 tostadas hver

Ingredienser
- 8 tortilla tostadaskall
- 1/2 kopp Fried Beans
- 3/4 kopp chorizo-, potet- og gulrøtterfyll
- 1 kopp strimlet salat
- 3/4 kopp hakkede tomater
- 2 ss revet geitost
- Salsa

Veibeskrivelse
a) Legg 2 tostadaskall på hver av fire tallerkener og fordel ca 2 ss av bønnene på hver.
b) Topp med like mengder av chorizo-, potet- og gulrøtterfyllet, salaten, tomatene og osten og server med salsaen.

64.   Potet Gorditas

Omtrent 16 Gorditas

Ingredienser
- 14 gram tilberedt masa for tortillas, eller 1-1/2 kopper Maseca og 1 kopp pluss 1 ss vann
- 9 gram skrellede russetpoteter (veid etter skrelling), kuttet i 1-1/2-tommers biter
- 2 ts matolje, pluss matlagingsspray for steking av Gorditas
- 1/2 ts salt
- Pico de Gallo, eller din favorittsalsa
- 1/2 kopp Guacamole

Veibeskrivelse

a) Forbered masaen. Hvis du bruker Maseca til tortillas, legg 1-1/2 kopper i en middels stor bolle og rør inn 1 kopp pluss 1 ss vann med en tresleiv. Elt deigen i ca. 2 minutter, eller til den er ganske jevn, og la den hvile i 30 minutter, dekket med plastfolie, slik at den blir fullstendig hydrert.

b) Deigen skal veie ca 14 gram.

c) Kok potetene og gjør ferdig deigen. Legg potetene i en kjele, dekk dem med flere centimeter vann og la det småkoke til de lett kan stikkes igjennom med en skrellekniv.

d) Tøm potetene og legg dem gjennom en potetrist eller mos dem grundig. Rør inn matolje og salt. For å fullføre deigen, kombiner 14 gram tortilla masa og potetmosblandingen.

e) Dann Gorditas. Klapp 1-1/2 unse biter av deigen i sirkler. De bør være mellom 1/8- og 1/4-tommers tykke. Varm en nonstick-gryte over middels varme (ca. 350°-375°F hvis du har et lasertermometer).

f) Tilsett akkurat nok kokespray til å filme overflaten og stek deigen til den begynner å bli gyldenbrun på bunnen, ca. 4 minutter. Snu gorditaene og stek ytterligere 4 minutter på den andre siden.

g) Topp dem med litt Pico de Gallo, Guacamole, eller omtrent alt annet du liker, og server.

65. Biff toppet tostadas

Utbytte: 4 porsjoner

Ingrediens
- Server Tostadas åpen med rømme eller salsa.
- 4 store meltortillas
- 1 pund magert kjøttdeig
- 1 hver løk, hakket
- 1 hver Jalapeno pepper, frøet og kuttet
- 1 hver fedd hvitløk, finhakket
- 1 ss chilipulver
- 1 ts Malt spisskummen
- ¼ teskje salt
- klype pepper
- 1 stor tomat, frøet og hakket
- 1 kopp hver: strimlet salat

Veibeskrivelse
a) Peirce-tortillas noen få steder; Mikrobølgeovn hver på rist på høy i 1-½ til 2 minutter eller til knapt sprø, snu og roter én gang.
b) Legg på tallerkener som tåler mikrobølgeovn. Smuldre biff i en 8 koppers bolle, tilsett løk, jalapeno og hvitløk. Mikrobølgeovn på høy, rør ofte, i 3-5 minutter eller til kjøttet ikke lenger er rosa. Rør inn chilipulver, spisskummen, salt og pepper. Tilsett tomat, stek i mikrobølgeovnen i 1-2 minutter, eller til den er varm. Bruk en hullsleiv, del mellom tortillas, dryss med salat og deretter ost.
c) Mikrobølgeovn hver på høy i 30-60 sekunder eller til osten smelter.

66. Chipotle kylling tostada

Utbytte: 4 porsjoner

Ingrediens
- 2 hele kyllingbryst, uten ben og skinn
- x Salt og pepper
- 1½ kopp Rosarita stekt salsa, med.
- ¼ kopp appelsinjuice
- 1 ss hermetisert Chipotle chili, purert
- 2 bokser (16 oz. ea.) Rosarita No Fat, tradisjonelle refrerte bønner
- 4 store riflede tostadoskall, oppvarmede
- 2 kopper revet salat
- 1 kopp revet cheddarost med lite fett
- 1 kopp hakkede tomater
- ½ kopp rømme med lavt fettinnhold (opt.)
- ¼ kopp Skiver modne sorte oliven
- ¼ kopp skivet grønn løk

Veibeskrivelse
a) Legg kyllingen i en ildfast glassbolle. Dryss over salt og pepper etter smak. Stek ved 350 grader F. i 20 til 25 minutter, eller til kyllingen er lett brun og mør. Skjær i strimler eller riv med en gaffel. Kombiner kylling, 1 kopp Rosarita salsa, appelsinjuice og chipotle chili i en liten miksebolle; Bland godt. Sette til side.
b) Kombiner Rosarita refried bønner og gjenværende Rosarita salsa i en kjele. Varm opp over middels varme i 5-7 minutter, rør ofte. Legg 1 ss varm bønneblanding i midten av hver av de 4 serveringsfatene.

c) Plasser forvarmede tostadaskall på en klatt varm bønneblanding for å forhindre bevegelse.
d) Fordel ingrediensene likt mellom tostadaskall og lag i følgende rekkefølge: bønneblanding, kyllingsalsablanding, salat, cheddar, tomater, rømme, oliven og grønn løk.

67. Kokosmelk iskrem tostada sundae

Utbytte: 6 porsjoner

Ingrediens
- 1 kopp kokosstrimler
- 6 Dessert Tostada kopper
- Ananas-anisettsaus

Veibeskrivelse
a) Plasser kokosnøtten i en usmurt stekepanne og rør over middels varme til den er prikket med gyldenbrune flekker, ca. 2 minutter.
b) For å sette sammen, plasser 2 eller 3 scoops Coconut Milk Ice Cream i midten av hver tostada-kopp.
c) Topp med ananas-anisettsaus og de ristede kokosstrimlene. Spis med en gang.

68.   Reker tostadas med guacamole

Utbytte: 4 porsjoner

Ingrediens
Guacamole
- 2 store avokadoer
- 2 ts fersk limejuice
- ½ ts salt
- 2 grønne løk
- 1 liten tomat skrelt; kvart
- 1 fedd hvitløk
- 1 liten varm chilipepper frø

Reker og tostadas
- Olje til steking
- 8 tortillas
- 32 medium reker
- 1 boks 16 oz. refried bønner
- 2 ss Olje
- Frisk salsa
- Små skåler med hakket salat, løk,
- Queso fresco
- Persille.

Veibeskrivelse
a) Guacamole: Skjær avokado i to og fjern groper, øs avokadokjøttet ut av skallet og legg i foodprosessor, tilsett limejuice, bearbeid til det er moset.
b) Tilsett salt, løk, tomat, hvitløk og liten varm pepper i blandingen og bearbeid igjen til den er finpuret. Overfør til en liten bolle for å bringe til bordet.

c) Stek tortillas: Varm 1" olje i en grunn 8"-9" panne. Skyv tortillaene en etter en i olje og stek på hver side til de er gyldne. Fjern umiddelbart, renn av på tørkepapir.
d) Grill reker, tilbered bønner:
e) Tre reker på 8 10-tommers spyd og grill over kull. Mens rekene koker, overfører du refried bønner fra boks til gryte
f) Tilsett 2 ss olje, rør godt og varm opp på lav varme. Når rekene er tilberedt, fjern spydene og overfør dem til en liten tallerken og ta med til bordet.
g) Gjestene bør lage sine egne tostadas. Fordel de refried bønnene på toppen av en stekt tostadas. Legg reker over dette og øs litt salsa og guacamole over reker. Tilsett deretter litt salat, løk og ost over toppen. Topp med persille eller koriander.

DESSERT

69.　Flan de queso

Utbytte: 4 porsjoner

Ingrediens

- 4 Stort egg s
- 1 boks (14 Oz) kondensert melk; Søtet
- 1 boks (12 Oz.) Fordampet melk
- 6 gram Kremost
- 1 teskje Vaniljeekstrakt

Veibeskrivelse

a) Bland egg, melk og vanilje sammen.

b) Myk opp kremosten og bland den sammen med de andre ingrediensene.

c) Vær forsiktig så du ikke blander kremosten for mye, ellers vil det føre til luftlommer i formen.

d) Forbered en karamell ved å koke $\frac{1}{2}$ kopp sukker over svak varme til sukkeret blir flytende. Bruk en metallbeholder for å gjøre dette.

e) Vend akkurat nok karamell i pannen/ramekin til å dekke bunnen.

f) Når sukkeret er hardt, hell røren du laget i trinn 1 og 2 i pannen/ramekinen.

g) Legg pannen/ramekin i en bain-marie. Pannen/ramekinen som ingrediensene er i, skal være ¾ nedsenket i vann.

h) Stek ved 325 grader Fahrenheit i omtrent ½ time. Kaken er ferdig når en kniv/tannpirker som er satt inn i den kommer ren ut.

70.   Meksikansk kjøttbrød

Utbytte: 1 porsjoner

Ingrediens

- 1 pund Kjøttdeig
- 1 Egg
- 1 liten Hakket løk
- Hvitløkssalt
- Persille
- ½ kopp Brødsmuler
- ½ kopp Melk
- 1 spiseskje Sennep
- 2 Biffbuljongterninger
- 1 spiseskje Worcestershire saus
- 5 Gulrøtter men på langs
- 1 boks Tomat juice
- 2 medier Poteter

Veibeskrivelse

a) Bland sammen kjøttdeig, egg, løk, hvitløkssalt, persille, brødsmuler, melk og sennep og pakk godt sammen.

b) Rull i krydret mel med paprika, salt og pepper. Brun i elektrisk panne, brun på alle sider. Tilsett buljongterninger, Worcestershiresaus, gulrøtter, tomatjuice og poteter.

c) Stek tildekket med kjøtt i ca 1 time og 15 minutter, eller til de er gjennomstekt.

71. Vannmelon Paleta Shot

Forberedelsestid 15 minutter

Ingredienser
- 4 kopper vannmelon i terninger, uten frø
- ½ kopp Tequila, (Corralejo reposado)
- 3 ss. Limejuice, fersk
- ½ kopp sukker eller søtningsmiddel etter eget valg
- 10 ts. Tajin chile pulver

Veibeskrivelse
a) Ha vannmelon, tequila, limejuice og sukker i blenderen og kjør til den er jevn.
b) Plasser 1 ts. chilepulver i bunnen av hver ispinneform.
c) Hell i vannmelonblanding i former, sett på lokk, sett inn ispinner og frys over natten.

72. Carlota de Limon

Porsjoner: 8 porsjoner

Ingredienser
- 1 pakke (16 oz.). Silke tofu (myk)
- 1/3 kopp mandelmelk, usøtet
- 1 kopp sukker, eller ditt favorittsøtningsmiddel
- 1/3 kopp Key lime juice, fersk
- 2 pakker (ermer) Vegan Maria cookies

Veibeskrivelse
a) Ha tofu, sukker og mandelmelk i blenderen. Slå blenderen på lav innstilling og tilsett limejuice gradvis, til blandingen tykner og dekker baksiden av en skje.
b) Kle bunnen av en bakeform på 8×8 glass med bakepapir, tilsett en limekrem og dekk den med et lag kaker og hell litt av limekremblandingen på toppen; nok til å dekke dem, men ikke drukne dem.
c) Gjenta denne prosessen ved å legge til et nytt lag med informasjonskapsler og deretter dekke det med limekremen, gjenta til all limekremblandingen og kjeksene er brukt opp.
d) IKKE TRYKK NED på informasjonskapslene. Du vil ha et godt lag med limekrem innimellom kjeksene og trykk dem ned med skyv limekremen til sidene.
e) Sett kaken i kjøleskapet i minst 4 timer eller til den har stivnet.
f) Vend inn bakebollen på en tallerken. Skrell forsiktig av pergamentet.

73. Mango og Chamoy Slushie

Porsjoner: 2 porsjoner

Ingredienser

Chamoy
- 1 kopp aprikoser, tørkede
- 2 kopper vann
- 2-3 ss. Chile ancho pulver
- 2 ss. Limejuice, fersk

Slushie
- 1 kopp + 2 ss. Mango i terninger
- 1 kopp is
- 6 ss. Chamoy
- 1 lime, saft av
- Chilepulver etter smak (tajín)

Veibeskrivelse

a) For å lage chamoyen, legg de tørkede aprikosene og vannet i en kjele og kok opp. Senk varmen og la det småkoke i 30 min. Sette til side.

b) Reserver $\frac{3}{4}$ av en kopp av aprikos-kokevæsken.

c) Ta de småkokte aprikosene, reservert kokevæske, chilianchopulver, limejuice og bland til en jevn masse. Tilsett mer eller mindre vann for en tynnere eller tykkere konsistens. (Jeg la min litt på den tykke siden.) La avkjøles.

d) For å gjøre slushy, legg $\frac{1}{2}$ kopp mango i bunnen av blenderbeholderen, legg til et lag is, fortsett å veksle lagene på denne måten med resten av isen og 1 kopp mango.

e) Blend på middels hastighet til du sitter igjen med en slurhy konsistens. Selv om isbitene er små, bør de fortsatt sees.

f) For å sette sammen, ta til glass og hell i en ss. av chamoy i bunnen av hver enkelt. Legg til et lag med mango slushy, etterfulgt av en annen ss. av chamoy. Gjenta en gang til.
g) Dryss 1 ss. av mango i terninger på toppen av hver ferdig slushy. Press en halv lime i hvert glass og topp med så mye chilepulver du ønsker. Server med skje og sugerør.

74. Mousse de Chocolate

Ca 10 kvart kopp porsjoner

Ingredienser
- 1 pund silke eller myk tofu
- 1 ts vaniljeekstrakt
- 1 ss honning
- 3/4 ts rent ancho chile pulver 1/8 ts salt
- 1/4 haugevis av teskje kanel
- 5-1/4 unser mørk sjokolade kuttet i veldig små biter
- 3 ss Kahlua, Grand Marnier, Cointreau, eller trippel sek, eller erstatte appelsinjuice

Veibeskrivelse
a) Ha tofu, vanilje, honning, chilipulver, salt og kanel i bollen til en foodprosessor utstyrt med stålbladet.
b) Plasser en bolle i rustfritt stål over en liten til middels stor kjele med kokende vann. Tilsett sjokolade og likør eller appelsinjuice i kjelen og rør ofte med en tresleiv til sjokoladen har smeltet helt, 1-2 minutter.
c) Tilsett sjokoladeblandingen i foodprosessoren og bearbeid med de andre ingrediensene i 1 minutt, stopp etter behov for å skrape ned sidene av bollen. Hell blandingen i en stor bolle eller i separate små serveringsfat.
d) Dekk til med plastfolie og avkjøl i flere timer.

75. Bananer og mandarin med vaniljesaus

4 kvart kopp porsjoner

Ingredienser

Til vaniljesausen
- 1/4 ts kanel
- 2 kopper soyamelk med vaniljesmak
- 1 ss matolje
- 2 ss agave nektar
- 1/2 ts vaniljeekstrakt
- 1/4 ts salt

Å bli ferdig
- 3 kopper hakkede bananer
- 1 kopp mandarin appelsiner

Veibeskrivelse
a) Lag vaniljesausen. Ha kanelen i en liten kjele og rør inn soyamelken en spiseskje eller 2 om gangen til den er godt blandet.
b) Rør inn resten av melken i en tynn stråle og tilsett matoljen. Kok opp og la det småkoke til det tykner til konsistensen som lys vaniljesaus, ca 10 minutter.
c) Fullfør desserten. La sausen koke litt og hell den over den oppkuttede frukten.

76. Sorbete de Jamaica

5 halv kopp porsjoner

Ingredienser
- 2-1/2 kopper tørkede Jamaica-blader (tilgjengelig på spanske dagligvarer)
- 1 liter vann
- 1/2 unse fersk ingefær, finhakket 1 kopp sukker
- 1 ss ferskpresset limejuice
- 2 ss limoncello

Veibeskrivelse
a) Lag te. Legg Jamaica-bladene i en gryte eller bolle, kok opp vannet og hell det over bladene. Dekk til og la det trekke i 15 minutter. Sil teen og kast Jamaicaen.
b) Lag sorbetbunnen. Ha ingefæren i en blender, tilsett 1 kopp te og kjør til den er helt purert, 1-2 minutter. Tilsett ytterligere 1-1/2 kopper te og bland igjen.
c) Hell sorbetbunnen i en kjele, tilsett sukkeret og kok opp under omrøring for å løse opp sukkeret. Ta kjelen av varmen så snart sorbetbunnen koker. Rør inn limesaften og avkjøl. Avkjøl basen til den når 60°F.
d) Frys ned sorbeten. Legg limoncello til den avkjølte bunnen og hell den i en iskremmaskin. Frys i henhold til produsentens anvisninger til den er frossen, men fortsatt slury, 20-30 minutter.

77. Grillet mango

4 porsjoner

Ingredienser
- 4 modne mangoer
- 3 ts agave nektar, eller erstatning sukker Cooking spray
- Limekiler

Veibeskrivelse
Varm en grill til høy, eller varm en grillpanne over høy varme.
a) Skjær mangoene i skiver. Det er alltid vanskelig å vite nøyaktig hvor frøene til mango er, så prøving og feiling er den beste løsningen. Målet er å kutte mangoen i så store biter som mulig som ikke inkluderer frøet. Legg en mango på siden og del den i to, utenfor midten, for å gå glipp av frøet.
b) Skjær de tre andre sidene av mangoen på samme måte. Deretter krysser du frukten i firkanter på omtrent 1/2 tomme.
c) Ved å skjære gjennom frukten bare til skinnet, men ikke gjennom det. Gjør kuttene en halv tomme fra hverandre, gå én vei, og gjør det samme den andre veien for å lage den skraverte designen.
d) Forbered de skivede mangoene. Pensle litt agavenektar på snittflatene på hver mango og spray deretter med litt kokespray.
e) Grill mangoene med kjøttsiden ned i et minutt eller 2, eller bare til de er svidd med grillmerker, men ikke kok dem før de er myke og helt gjennomvarme.
f) Det er viktig å beholde den faste teksturen og kontrasten mellom den varme overflaten og det kjøligere interiøret.
g) Server mangoene med limebåtene.

78. Rask fruktpudding

4 porsjoner

Ingredienser
- 2 bananer, skrellet, skåret i 1/2-tommers runder og frosset på et ark med aluminiumsfolie
- 3 kopper skrelt og hakket mango, eller annen frukt
- 2 ss ferskpresset limejuice
- 2 ts agave nektar
- 1/8 ts salt
- Mynteblader

Veibeskrivelse
a) Ha alle ingrediensene i bollen til en foodprosessor utstyrt med stålbladet eller i en blender og kjør til den er så vidt flytende, glatt og kremaktig.
b) Pynt med mynten.

79. Grillede bananer i kokosnøttsaus

4 porsjoner

Ingredienser
- 1/2 kopp lite kokosmelk
- 2 ss agave nektar
- 1 ss vann
- 4 bananer, skrelt

Veibeskrivelse
a) Lag kokossausen. Kok opp kokosmelken og agavenektaren i en liten kjele.
b) Grill bananene og server. Varm en grill eller grillpanne på høy.
c) Pensle bananene med litt av kokossausen, behold resten og grill på begge sider til de har grillmerker og begynner å bli mykne. Ikke overkok dem, da faller de fra hverandre.
d) Server bananene toppet med litt mer av sausen.

80. Mango sorbet

8 tredje kopp porsjoner

Ingredienser
- 2-1/2 kopper skrellet, frøsådd og hakket mango
- 3-1/2 ss sukker
- Lite 2/3 kopp vann
- 1/2 ts kanel
- 1/2 ts malt allehånde
- 1 ss limoncello

Veibeskrivelse
a) Bland alle ingrediensene til puré.
b) Hell puréen i en iskremmaskin og frys i henhold til produsentens anvisninger.
c) Det tar vanligvis mellom 15 og 20 minutter.

81. Flan

6 fire-unse porsjoner

Ingredienser
- 1 kopp fettfri fordampet melk
- 1 kopp 2% melk
- 1/4 kopp fettfri kondensert melk
- 1 ts vaniljeekstrakt
- 2 store egg
- 4 eggehviter fra store egg
- Matlagingsspray
- 6 ts agave nektar

Veibeskrivelse
a) Forvarm ovnen til 325°F.
b) Lag flanbunnen. Kombiner ingrediensene, bortsett fra matlagingssprayen og agavenektar, i en blender og kjør til den er helt kombinert, ca. 1 minutt.
c) Forbered pannen for baking. Spray seks 4-unse ovnssikre ramekins med litt matlagingsspray og legg dem i en bakebolle der de passer ganske tett. Fyll ramekins til innenfor 1/4-tommers av toppen med flan base. Hell nok veldig varmt springvann i bakebollen til å komme halvveis opp på sidene av ramekins.
d) Stek pannen. Sett bakebollen med de fylte ramekinene i ovnen i 40 minutter, eller til pannen er stivnet og akkurat fast. Ta bakebollen ut av ovnen og ramekinene fra formen.
e) La flensene avkjøles, dekk dem deretter med plastfolie og avkjøl til de er kalde. Server hver flan toppet med 1 ts agavenektar.

82. Koriander saus

Utbytte: 3 kopper

Ingrediens

- 2 medier Løk(er), delt i kvarte
- 5 Hvitløksfedd)
- 1 Grønn paprika,
- Kjernet, frøet, kuttet i terninger
- 12 Cachucha paprika
- Stengel og frø eller
- 3 spiseskjeer Rød paprika i terninger
- 1 gjeng Koriander
- Vasket og stammet
- 5 C i l a ntro blader
- 1 teskje Tørket oregano
- 1 kopp Ekstra virgin olivenolje
- ½ kopp rødvinseddik
- Salt og pepper

Veibeskrivelse

a) Pure løk, hvitløk, paprika, koriander og oregano i en foodprosessor. Tilsett olivenolje, eddik, salt og pepper og puré til den er jevn.

b) Korriger krydderet, tilsett mer salt eller eddik etter smak.

c) Overfør sausen til rene glass. Avkjølt holder den seg i flere uker.

83. Meksikansk adobo pulver

Utbytte: 1 kopp

Ingrediens

- 6 spiseskjeer Kosher salt
- 2 spiseskjeer hvit pepper
- 2 spiseskjeer Spisskummen frø
- 2 spiseskjeer Hvitløkspulver

Veibeskrivelse

a) Kombiner salt, pepperkorn og spisskummen i en tørr stekepanne og stek på middels varme til krydderne er lett ristet og velduftende, ca. 3 min. Overfør blandingen til en bolle for å avkjøles.

b) Kombiner den ristede krydderblandingen og hvitløkspulveret i en kryddermølle og kvern til et fint pulver.

c) Oppbevares i en lufttett beholder; den holder i flere måneder.

84. Meksikansk grønn sofrito

Utbytte: 1 kopp

Ingrediens

- 2 spiseskjeer Oliven olje
- 1 liten Løk(er)
- Finhakket (1/2 kopp)
- 1 gjeng Skålløk, trimmet
- Finhakket
- 4 Hvitløksfedd(er), finhakket
- 1 Grønn paprika
- Cored, seedet
- Finhakket
- $\frac{1}{4}$ kopp Koriander, hakket
- 4 Culentro blader
- Finhakket (opt.)
- $\frac{1}{2}$ teskje Salt eller etter smak
- Svart pepper etter smak

Veibeskrivelse

a) Varm opp olivenoljen i en stekepanne med slippbelegg. Tilsett løk, løk, hvitløk og paprika.

b) Kok på middels varme til de er myke og gjennomsiktige, men ikke brune, ca 5 min., rør med en tresleiv.

c) Rør inn koriander, persille, salt og pepper. kok blandingen i et minutt eller to lenger. Korriger krydderet, tilsett salt og pepper etter smak.

d) Overfør til en ren glasskrukke. Nedkjølt holder den seg i opptil 1 uke.

85. svinekjøtt i meksikansk stil

Utbytte: 1 porsjoner

Ingrediens

- 2 spiseskjeer Spisskummen; bakke
- 2 spiseskjeer Hvitløk; hakket
- 2 spiseskjeer Cilantro; frisk, grovhakket
- 2 spiseskjeer Svart pepper; nysprukket
- 2 spiseskjeer Salt
- 2 spiseskjeer hvit eddik
- 2 spiseskjeer Gul sennep
- 2 spiseskjeer Jalapeno pepper; hakket
- 2 spiseskjeer Oliven olje

Veibeskrivelse

a) Bland alle ingrediensene og bland godt. Bruk innen to dager etter tilberedning.

b) Gni svinerumpe med krydderblanding og røyk i $1\frac{1}{2}$ time per pund ved 240-250F.

86. Grønnsaksdip

Utbytte: 12 porsjoner

Ingrediens

- 1 kopp Majones
- 1 kopp Rømme
- ¼ teskje Hvitløkspulver
- 1 teskje Persilleflak
- 1 teskje Krydret salt
- 1½ teskje Dillfrø

Veibeskrivelse

a) Bland alle ingrediensene og avkjøl. Best laget dagen fremover.

b) Server med rå grønnsaker: selleri, gulrøtter, agurk, paprika, blomkål, etc.

87. Vallarta dukkert

Utbytte: 16 porsjoner

Ingrediens

- 6½ unse Hermetisk tunfisk -- drenert
- 1 Grønn løk - i skiver
- 3 spiseskjeer Varm chilesalsa
- 4 spiseskjeer Majones
- 8 Kvister koriander, eller etter smak
- Sitron- eller limejuice
- Salt etter smak
- Tortilla chips

Veibeskrivelse

a) Rør sammen tunfisk, løk, salsa, majones og koriander i en bolle. Smak til med sitronsaft og salt; juster andre krydder etter smak. Server med chips.

b) Kutt grønn løk i 1-tommers lengder og sett i prosessor utstyrt med stålblad. Tilsett korianderkvister og bearbeid i 3 til 5 sekunder. Tilsett tunfisk, salsa, majones, sitronsaft og salt; puls noen ganger for å kombinere.

c) Smak, juster krydder og puls en eller to ganger til.

d) Ta ut av kjøleskapet ca 30 minutter før servering.

88. Tacokrydder

Gir 1/3 CUP

Ingredienser
- Tørr skall fra 1 lime (valgfritt)
- 2 ss chilipulver
- 1 ss malt spisskummen
- 2 ts fint malt havsalt
- 2 ts malt koriander
- 1 ts paprika
- 1/2 ts nykvernet pepper
- 1/8 ts kajennepepper (valgfritt)

Veibeskrivelse
a) Dette er et valgfritt, men velsmakende trinn, så jeg anbefaler det—skall 1 lime. Plasser skallet enten i en liten tallerken på en solrik vinduskarm, tørk i en dehydrator, eller en ovn oppvarmet til 175 ° F i ca. 10-15 minutter til all fuktighet er borte.
b) Ha alle ingrediensene i en bolle til de er godt blandet.
c) Oppbevares på et kjølig, mørkt sted i en lufttett glassbeholder.

89. Frisk urtetomat-mais salsa

GJØR OM 3 1/2 KOPPER

Ingredienser
- 6,10-unse pakke frossen mais eller
- 4 aks fersk mais, kuttet fra kolben
- 1 stor moden tomat, i terninger
- 1/2 middels rødløk, i små terninger
- 1 jalapeñopepper, frøsådd og i terninger
- 3 ss balsamicoeddik
- 2 ss hakket fersk basilikum
- 2 ss hakket fersk koriander
- havsalt etter smak

Veibeskrivelse
a) Kombiner alt i en stor bolle og bland godt.

b) La stå i 1 time ved romtemperatur eller avkjølt for å la smakene smelte sammen.

90. White Bean Guacamole

Gir ca 3 kopper

Ingredienser
- 2 lett pakkede kopper grovhakket/oppskåret moden avokado
- 1 kopp hvite bønner 1/2 ts havsalt
- 2-21/2 ss sitronsaft
- Vann, tynn etter ønske

Veibeskrivelse
a) Ha avokado, hvite bønner, havsalt, sitronsaft og vann i en foodprosessor eller blender og kjør til en jevn masse.

b) Smak til med mer salt og/eller sitronsaft.

DRIKKE

91. Kaktus-smoothie med lavt kaloriinnhold

1-2 porsjoner

Ingredienser
- 1/2 kopp rensede og kuttede kaktuspadlebiter
- 1 kopp appelsinjuice, granateplejuice eller annen juice Liten håndfull is

Veibeskrivelse
a) Skyll kaktusbitene grundig under kaldt rennende vann og ha dem og saften og isen i en blender.
b) Bland til det er helt flytende, 1-2 minutter.

92. Atole

4 porsjoner

Ingredienser
- 1/2 kopp mel
- 1/4 ts malt kanel
- 1/8 ts salt
- 5 kopper fettfri melk eller vann
- 4 ss agave nektar
- 1 ts vaniljeekstrakt

Veibeskrivelse
a) Ha melet i en stor kjele med kanel og salt.
b) Rør sakte inn melk eller vann til melet er helt oppløst.
c) Tilsett agavenektar og vanilje, kok opp og la det småkoke i 5 minutter, mens du rører konstant for å unngå at det klumper seg og fester seg til bunnen av kjelen.

93. Champurrado

4 porsjoner

Ingredienser
- Atole
- 2 gram sjokolade med 70 % kakaoinnhold

Veibeskrivelse
a) Tilsett sjokoladen i Atole etter at den har småkokt i 4 minutter.
b) Kok i 1 minutt til, rør til sjokoladen har smeltet.

94.   Aguas Frescas

4 porsjoner

Ingredienser
- 2 kopper frisk frukt
- 1-2 ss ferskpresset limejuice 2 dl vann
- 2-4 ss agavenektar eller sukkererstatning 1 kopp knust is

Veibeskrivelse
a) Puré frukt, limejuice, vann og agavenektar i en blender.
b) Sil over i en mugge og tilsett isen.

95. Horchata de Melón

Omtrent 4 tolv unse porsjoner

Ingredienser
- 2 ss ferskpresset limejuice (valgfritt)
- 1 moden cantaloupe, omtrent 2 pund, gir omtrent 1 pund ren frukt og frø, 2-1/2 kopper
- 2-1/2 kopper vann
- 2 ss agavenektar eller sukkererstatning (valgfritt)
- 1/2 ts vaniljeekstrakt

Veibeskrivelse
a) Ha limesaften, hvis du bruker, 1 kopp vann, og frukten og frøene i en blender og puré. Tilsett resten av vannet, søtningsmiddelet, hvis du bruker det, og vaniljen og bland godt.
b) Sil Horchataen i en mugge og avkjøl eller server over is.

96. Sangrita

Ca 3 kopper

Ingredienser
- 2 mellomstore anchochiles, ristet og rehydrert
- 2-1/2 kopper fersk appelsinjuice
- 3-1/2 ss grenadin
- 1 ts salt

Veibeskrivelse
a) Ha alle ingrediensene i en blender og puré.
b) Sil og avkjøl blandingen før servering.

97. Kokos eggedosis

Utbytte: 1 porsjoner

Ingrediens

- 13/16-quart Lett meksikansk rom
- Skrell fra 2 lime; (raspet)
- 6 Eggeplommer
- 1 boks Søt kondensert melk
- 2 bokser (stor) fordampet melk
- 2 bokser Kokoskrem; (som Coco Lopez)
- 6 gram Gin

Veibeskrivelse

a) Bland halvparten av romen med limeskallet i en blender på høy hastighet i 2 min.

b) Sil og ha i en stor bolle. Tilsett resten av rom.

c) I blender blander du eggeplommer, både melk og gin til det er godt blandet.

d) Hell ¾ av denne blandingen i bollen med rom. Bland resten med kokoskrem og bland godt. legg til romblandingen, bland godt og avkjøl.

98. Meksikansk eggedosis

Utbytte: 16 porsjoner

Ingrediens

- 2 kopper vann
- 8 kanelstenger
- 6 store eggeplommer
- 3 (12 oz.) bokser med fordampet
- 1 kopp melk
- 2 Bokser kokosmelk
- 3 (14 oz.) bokser søtet
- 1 kopp kondensert melk
- 3 kopper hvit rom

Veibeskrivelse

a) I en 2-liters kjele, varm opp vann og kanelstenger til koking over høy varme. Reduser varmen til middels og kok til væsken er redusert til en kopp. Fjern kanelstenger og sett væsken til side for å avkjøles til romtemperatur.

b) Pisk eggeplommer og inndampet melk i en 3-liters kjele med en wirevisp til det er godt blandet.

c) Kok over lav varme under konstant omrøring til blandingen tykner og dekker en skje - ca. 10 minutter.

d) Sette til side.

e) Når væsken med kanelsmak er avkjølt, rør inn kokosmelk til den er godt blandet.

f) I serveringsbolle kombinerer du kokosblanding, eggeplommeblanding, søtet kondensert melk og rom. Avkjøl godt og server.

99.   Meksikansk mojito

Utbytte: 2 kopper

Ingrediens

- 6 Aji dulce peppers eller
- 1½ spiseskje Rød paprika, i terninger
- ½ Grønn paprika, i terninger
- 5 Hvitløksfedd)
- Grovhakket
- 2 Sjalottløk, grovhakket
- 1 Tomat
- Skrelt og frø
- 1½ spiseskje Kapers, drenert
- 1½ teskje Tørket oregano
- ½ kopp Korianderblader
- Vasket og stammet
- ¼ kopp Tomatpuré
- 2 spiseskjeer Ekstra virgin olivenolje
- 1 spiseskje Lime juice
- Salt og pepper etter smak

Veibeskrivelse

a) Tradisjonelt servert som en dipsaus for groblad-chips og stekt most, grønn plantain. Den er også flott for å dyppe tortillachips og lager en fin cocktailsaus til reker og annen sjømat.

b) Kombiner paprika, hvitløk, sjalottløk, tomat, kapers, oregano og koriander i en foodprosessor og mal til en jevn puré. Arbeid inn tomatpuré, olivenolje, limejuice og salt og pepper.

c) Overfør til en ren krukke med ikke-reaktivt lokk. Avkjølt, holder seg i 1 uke.

100. Meksikansk rom cappuccino

Utbytte: 1 porsjoner

Ingrediens

- 1½ unse Mørk rom
- 1 ts sukker
- Varm sterk kaffe
- Dampet melk
- Pisket krem
- Malt kanel

Veibeskrivelse

a) Bland rom og sukker i et krus.

b) Tilsett like deler kaffe og melk.

c) Topp med krem og kanel.

KONKLUSJON

Autentisk meksikansk mat er levende, deilig, frisk og morsom. Den er også fargerik, krydret og bruker et fantastisk utvalg av chili, både fersk og tørket. Mange ingredienser er lett tilgjengelig overalt, for eksempel tomater, lime, koriander, rødløk, avokado og mais, og spesialingredienser blir lettere tilgjengelig rundt om i verden.

www.ingramcontent.com/pod-product-compliance
Lightning Source LLC
Chambersburg PA
CBHW070653120526
44590CB00013BA/936